¡EE.UU. FUERA DEL ORIENTE MEDIO!

¡EE.UU. FUERA DEL ORIENTE MEDIO!

Cuba habla en Naciones Unidas

FIDEL CASTRO
RICARDO ALARCÓN

PATHFINDER
Nueva York   Londres   Montreal   Sydney

Redacción: Mary-Alice Waters y Luis Madrid

Copyright © 1990 por Pathfinder Press
All rights reserved. Derechos reservados conforme a la ley.

ISBN 978-0-87348-625-5
Library of Congress Catalog Card Number 90-63781
Impreso y hecho en Estados Unidos de América
Manufactured in the United States of America

Primera edición, 1990
Cuarta impresión, 2020

Las resoluciones del Consejo de Seguridad son tomadas de las actas de Naciones Unidas. Los textos de las declaraciones de Ricardo Alarcón son tomados de las transcripciones realizadas por Naciones Unidas. Los otros materiales aparecieron en *Granma*, el diario del Partido Comunista de Cuba.

Diseño de la cubierta por Toni Gorton

Foto de la cubierta: Tanques norteamericanos M-1 patrullando entre Dharan y El Riad, Arabia Saudita, septiembre de 1990. (Patrick Durand/Sygma)

Pathfinder
www.pathfinderpress.com
Correo electrónico: pathfinder@pathfinderpress.com

Tabla de materias

Fidel Castro	9
Ricardo Alarcón	10
Introducción por Mary-Alice Waters	11
Mapa	23

1. ¿Qué mueve a Estados Unidos?

Resolución 660 (1990) del Consejo de Seguridad de la ONU, 2 de agosto de 1990	26
Declaración del Ministerio del Exterior de Cuba	27
Carta de Fidel Castro al Movimiento de Países No Alineados, 2 de agosto	28
Resolución 661 (1990), 6 de agosto	30
Declaración hecha por Ricardo Alarcón	34

2. Estados Unidos busca legitimar su intervención armada

Mensaje de Fidel Castro a los jefes de estado árabes, 7 de agosto	44
Resolución 662 (1990), 9 de agosto	49
Declaración hecha por Ricardo Alarcón	50

3. Igual preocupación por los nacionales de Iraq y de Kuwait

Resolución 664 (1990), 18 de agosto	56
Declaración hecha por Ricardo Alarcón	57
Declaración hecha por Ricardo Alarcón	64

4. Una grave transgresión de la Carta de la ONU
    Resolución 665 (1990), 25 de agosto   68
    Declaración hecha por Ricardo Alarcón   70
    Editorial de 'Granma', 27 de agosto   76

5. El acceso a los alimentos, un derecho fundamental
    Resolución presentada por Cuba, 12 de septiembre   82
    Resolución 666 (1990), 13 de septiembre   83
    Declaración hecha por Ricardo Alarcón   86

6. No se han hecho esfuerzos por una solución pacífica
    Resolución 667 (1990), 16 de septiembre   102
    Declaración hecha por Ricardo Alarcón   104

7. Nos acerca al estallido bélico
    Resolución 670 (1990), 25 de septiembre   108
    Declaración hecha por Ricardo Alarcón   112

8. Estados Unidos anunciaba el envío de otros 100 mil soldados
    Resolución 674 (1990), 29 de octubre   120
    Declaración hecha por Ricardo Alarcón   125

9. Tuvimos el honor de votar en contra
    Fragmento de discurso dado por Fidel Castro,
    28 de septiembre de 1990   136

Notas   143

Cronología   151

Índice   173

Fidel Castro

Fidel Castro (1926–2016) ingresó a la vida política mientras estudiaba en la Universidad de La Habana a mediados de los años 40.

Después del golpe de estado dado por Fulgencio Batista en 1952, Castro organizó un movimiento revolucionario para derrocar a la dictadura respaldada por Washington. El 26 de julio de 1953, dirigió un ataque contra el Cuartel Moncada en Santiago de Cuba. Aunque no logró sus metas inmediatas, el ataque dio inicio a la campaña revolucionaria que culminó con el levantamiento armado que obligó a Batista a huir de Cuba el 1 de enero de 1959.

En febrero de 1959, Fidel Castro llegó a primer ministro, cargo que sostuvo hasta diciembre de 1976. Fue presidente del Consejo de Estado y del Consejo de Ministros de 1976 a 2006, comandante en jefe de las fuerzas armadas de Cuba de 1959 a 2006, y primer secretario del Comité Central del Partido Comunista de Cuba desde su fundación en 1965 hasta 2011.

Ricardo Alarcón

Nacido en 1937, Ricardo Alarcón fue dirigente del Movimiento 26 de Julio en la Universidad de La Habana durante la lucha contra Batista. Después de la victoria de la revolución, fue presidente de la Federación Estudiantil Universitaria. De 1966 a 1978 fue representante permanente de Cuba ante Naciones Unidas. Fue nombrado viceministro del exterior en 1978, primer viceministro del exterior en 1989 y ministro del exterior de 1992 a 1993. Fue miembro del Comité Central del Partido Comunista de Cuba de 1993 a 2013, y presidente de la Asamblea Nacional de Cuba de 1993 a 2013.

En la década de 1980, Alarcón fue el principal negociador con el gobierno norteamericano encabezando los esfuerzos cubanos para pactar acuerdos migratorios con Washington en 1984 y 1987. Participó en las negociaciones de 1988 entre Cuba, Angola, Sudáfrica y Estados Unidos, que llevaron a la retirada de las tropas sudafricanas de Angola y a la independencia de Namibia.

Siendo embajador de Cuba ante Naciones Unidas, Alarcón fue presidente del Consejo de Seguridad de la ONU de 1990 a 1991, durante el período de dos años cuando Cuba fue miembro de ese organismo.

Introducción

• Desde el 2 de agosto de 1990, el gobierno de Estados Unidos se ha estado preparando de forma sistemática y a un nivel masivo para una guerra contra Iraq. El ritmo de estos preparativos está siendo acelerado.

• Washington se vale del voto unánime de los cinco miembros permanentes del Consejo de Seguridad de la Organización de Naciones Unidas (ONU), para encubrir la escalada y los actos unilaterales de agresión norteamericanos, a la vez que obstruye las iniciativas encaminadas a buscar una solución pacífica a la crisis.

• La escalada de las maniobras de guerra de los gobernantes norteamericanos a partir de la invasión de Kuwait por el gobierno iraquí, no está motivada por un apoyo a la soberanía nacional y a la integridad territorial. La invasión de Kuwait ha sido aprovechada por el gobierno norteamericano como una oportunidad inesperada para fomentar sus intereses imperialistas.

• El pueblo trabajador del mundo entero ya está pagando con creces por la aceleración en los preparativos de guerra organizados por Estados Unidos. El costo en vidas y bienestar económico será incalculable si los esfuerzos por evitar una guerra siguen siendo obstaculizados por Washington.

• Todos aquellos a quienes les preocupa la concentración acelerada de esta máquina de muerte organizada por Estados Unidos tienen el deber de explicar la verdad acerca de los verdaderos objetivos de Washington y de movilizar las fuerzas sociales más poderosas posibles para oponerse a la guerra inminente.

Estos son los hechos documentados y planteados en este libro.

En solo 14 semanas, entre comienzos de agosto y los primeros días de noviembre de 1990, el gobierno norteamericano ha organizado el despliegue de cerca de medio millón de tropas, incluidas muchas divisiones blindadas, procedentes de Estados Unidos y de otros gobiernos aliados. Estas fuerzas de invasión están desplegadas en las fronteras de Iraq y Kuwait. El Pentágono hace alarde de que esta ha sido la operación de su envergadura más veloz en la historia. Representa la movilización militar más grande realizada por Washington desde la guerra de Vietnam, y la operación naval más grande desde la guerra de Corea. Es la operación militar más grande de Inglaterra desde su guerra contra Argentina en 1982 para apoderarse de las Islas Malvinas. Es la movilización más grande del gobierno francés desde la guerra de Argelia en la década de 1950 y comienzos de la de 1960. Los ejércitos, armadas y fuerzas aéreas listas para lanzar un asalto contra el pueblo iraquí están equipados con los tanques, helicópteros de asalto, aviones de combate, bombarderos y buques de guerra más avanzados, y cuentan con el apoyo del armamento más moderno y más pesado de los arsenales norteamericanos y de los otros imperialistas.

La concentración militar, sin embargo, está lejos de ser completada. Para una mejor preparación de una acción militar devastadora contra Iraq, las fuerzas de combate norteamericanas en el frente en Arabia Saudita serán duplicadas en las próximas semanas, llevando consigo cantidades masivas de pertrechos militares. Las unidades de combate de la reserva han sido llamadas al servicio activo, y el Pentágono ha anunciado que las tropas no serán relevadas de sus estaciones de batalla en el Oriente Medio.

En sus preparativos de guerra, los gobernantes norteamericanos comandan una coalición de unos 30 gobiernos para que envíen unidades militares a participar en lo que pintan como una operación militar conjunta patrocinada por Naciones Unidas. Además de Estados Unidos, han sido enviadas tropas terrestres por Arabia Saudita, Argentina, Bahrein, Bangladesh, Canadá, Checoslovaquia, Egipto, los Emiratos Árabes Unidos, Francia, Inglaterra, Katar, Kuwait, Marruecos, Omán, Paquistán, Senegal, Siria y Turquía. Otros once países han enviado fuerzas navales: Australia, Bélgica, Dinamarca, España, Grecia, Holanda, Italia, Noruega, Polonia, Portugal y la Unión Soviética.

El objetivo que, según se sostiene, le corresponde a esta fuerza militar es el retiro inmediato de las tropas iraquíes de Kuwait y el retorno del monarca kuwaití a su trono. El verdadero objetivo estratégico de Washington, sin embargo, se hace cada vez más claro con el correr de los días. La presea deseada es un protectorado iraquí, subordinado al gobierno norteamericano y a los intereses petroleros que éste representa.

Antes de que se haya disparado siquiera un solo tiro, ya el costo humano va en ascenso. Los cadáveres de las víctimas de los accidentes militares han comenzado a retornar a Estados Unidos, a la vez que cantidades de ataúdes y equipo mortuorio están siendo transportados al Oriente Medio en los aviones de transporte norteamericanos. Cientos de miles de refugiados de países del tercer mundo son manipulados como instrumentos de las insensibles maniobras de Washington. Los altísimos precios del petróleo están devastando las economías —agobiadas ya por la deuda externa— de África, Asia, Oceanía y América Latina. El descenso de los países capitalistas industrializados hacia una recesión profunda está siendo reforzado.

A medida que Washington ha acelerado su marcha hacia la guerra, ha maquinado también una campaña política con el fin de preparar la opinión pública norteamericana y mundial para una sangrienta embestida contra el pueblo de Iraq.

El Consejo de Seguridad de la ONU, como lo demuestran las páginas que siguen, ha sido un terreno central de enfrentamiento en la ofensiva propagandística de Washington.

Los cinco miembros permanentes del Consejo de Seguridad de Naciones Unidas (China, Estados Unidos, Francia, Inglaterra y la Unión Soviética) han respaldado unánimemente cada resolución iniciada por el gobierno norteamericano para justificar sus maniobras de guerra. Sin embargo, el gobierno de Cuba —que actualmente sirve un período de dos años en el Consejo de Seguridad— ha sido la única voz en Naciones Unidas que se ha pronunciado clara y consecuentemente contra los preparativos de guerra de la administración norteamericana, los cuales cuentan con el apoyo bipartidista de demócratas y republicanos en el Congreso.

Mientras el presidente norteamericano George Bush proclama ante el mundo que desde el 2 de agosto de 1990, "la función de mantener la paz de Naciones Unidas, en efecto, se ha rejuvenecido gracias a las acciones del Consejo de Seguridad", la delegación cubana ante Naciones Unidas ha documentado que la verdad es todo lo contrario. Además de una útil cronología que detalla día a día los preparativos de guerra, el libro contiene las resoluciones adoptadas por el Consejo de Seguridad de la ONU en torno a la crisis de Iraq-Kuwait, así como las declaraciones a ellas relacionadas emitidas por el presidente cubano Fidel Castro y por el representante permanente de Cuba ante la ONU Ricardo Alarcón. Semana tras semana, conforme se han desarrollado los acontecimientos, los pretextos y los argumentos para las maniobras de guerra de Washington han sido desenmascarados y refutados por Cuba en los debates del Consejo de Seguridad. Los discursos de la delegación norteamericana ante Naciones Unidas y de la administración Bush han sido ampliamente divulgados todas las mañanas y todas las noches por la televisión norteamericana, y han aparecido como noticias de primera plana en los diarios. Sin embargo, en base al historial de hostil agresividad que por 30 años Washington ha mantenido hacia la revolución cubana, no resulta nada sorprendente que los argumentos concretos y bien planteados por Cuba hayan sido cubiertos con tan poca frecuencia por los principales medios de difusión norteamericanos.

Eso es lo que hace que este libro sea tan valioso. Ayuda a armar con los hechos, con una perspectiva histórica y un contexto internacional, que aquellos a quienes preocupa la marcha hacia la guerra necesitan para convencer a otros y movilizar la oposición más amplia posible a la masacre que Washington está preparando.

'Independencia, soberanía e integridad territorial'

En su declaración en la sesión del Consejo de Seguridad celebrada el 6 de agosto de 1990, Alarcón hizo énfasis en el compromiso que Cuba guarda con "los principios de no intervención en los asuntos internos de los estados, sea cual sea el motivo, de no uso de la fuerza en las relaciones internacionales, de solución pacífica de las controversias entre los estados y de respeto a la independencia, soberanía e integridad territorial de todas las naciones".

Basada en esos principios, el 2 de agosto Cuba votó a favor de la resolución del Consejo de Seguridad condenando la invasión de Kuwait. Cuba votó también a favor de resoluciones posteriores oponiéndose a la anexión iraquí de Kuwait e insistiendo en el derecho de los ciudadanos de terceros países a salir libremente de Iraq y Kuwait. En cada ocasión, Cuba aprovechó la oportunidad para poner al descubierto los hechos relacionados con los actos de agresión de Washington y la hipocresía de sus principios recién descubiertos.

Cuba se negó a votar por las sanciones económicas contra Iraq, a dar su aval a las medidas militares para imponer el embargo comercial o a exigir que el pueblo iraquí pague indemnizaciones de guerra. Cuba denunció como inhumanas —y como una violación desmesurada de los derechos humanos fundamentales— las medidas con las que se le negó a las personas que viven en Iraq y Kuwait acceso a alimentos y a medicamentos. Cuba fue el único miembro del Consejo de Seguridad que votó "no" ante el embargo aéreo impuesto a Iraq.

"¿Es realmente la defensa de los legítimos intereses del gobierno de Kuwait… lo que motiva a la delegación norteamericana a actuar en la forma en que lo está haciendo", preguntó Alarcón ante el Consejo el 6 de agosto, "o son sus propósitos hegemonistas e intervencionistas en el Oriente Medio?".

Si hay que condenar a Iraq por invadir a Kuwait, ¿qué se debe hacer entonces con respecto a la invasión norteamericana de Panamá en 1989, la de Granada en 1983 y la de República Dominicana en 1965?

Estados Unidos y Naciones Unidas

Desde el nacimiento de Naciones Unidas, dijo el embajador Alarcón al Consejo de Seguridad el 9 de agosto de 1990, "hemos sido testigos de cómo algunas grandes potencias pretenden utilizar este Consejo como instrumento de sus intereses estratégicos, más que como órgano para velar por la paz y la seguridad internacionales". En las páginas que siguen, la verdad de esta aseveración queda bien documentada.

La Asamblea General de la ONU, en la que todos los miembros tienen igual voto, carece de poderes para hacer cumplir las resoluciones que adopta. El Consejo de Seguridad de quince miembros, en el que están depositados los poderes ejecutivos de la ONU, funciona sobre la base de lo que Castro llama el "anacrónico, injusto y antidemocrático privilegio del veto". Cada uno de los cinco miembros permanentes del Consejo puede vetar cualquier propuesta presentada ante este cuerpo. Los miembros no permanentes no poseen poder de veto.

Como resultado de esta estructura reaccionaria, han señalado a menudo los líderes cubanos, la gran mayoría de las naciones y de los pueblos del mundo carecen realmente de derechos en Naciones Unidas. "El conjunto de los países del tercer mundo, que cuentan con no menos de 4 mil millones de habitantes", dijo Castro en un mitin en La Habana, Cuba, el 4 de enero de 1989, "puede ver que sus intereses más sagrados o sus aspiraciones o sus esperanzas sean frustradas simplemente por el veto de cualesquiera de los cinco miembros permanentes del Consejo de Seguridad".

O, se podría añadir, por su consentimiento unánime.

La historia ha demostrado que el privilegio del veto significa que el Consejo de Seguridad solo puede actuar si Estados Unidos estima que la acción a tomar será compatible con sus intereses estratégicos. Washington cuenta con una gran ventaja para presionar al Consejo de Seguridad a que aplique selectivamente aquellos "principios fundamentales" que se ajusten a sus necesidades en un momento determinado.

La delegación norteamericana, como la de Cuba, por ejemplo, votó a favor de las resoluciones en que se hizo llamamientos al gobierno iraquí para que suspendiera sus actos hostiles contra las embajadas y el personal diplomático en Kuwait, así como el uso de los ciudadanos extranjeros como rehenes. Sin embargo, y como indicaron los representantes cubanos, el mismo historial de Washington subraya el carácter egoísta de su voto. Desde el internamiento en campos de concentración de los ciudadanos norteamericanos descendientes de japoneses durante la segunda guerra mundial, a los actos de violencia contra las misiones y el personal diplomáticos que las fuerzas invasoras norteamericanas realizaron en Panamá hace menos de un año, para Washington ha resultado conveniente ignorar los derechos humanos y los tratados internacionales por los que hoy día condena a Iraq por haber violado.

El gobierno norteamericano y sus aliados imperialistas realizaron esfuerzos extraordinarios para organizar puentes aéreos autorizados por la ONU para que muchos de sus ciudadanos atrapados en Iraq o Kuwait pudieran regresar a sus hogares rápidamente. No obstante, cuando el gobierno de la India y los de otros países intentaron enviar alimentos a cientos de miles de trabajadores de los campos petroleros, extranjeros que se han quedado sin poder ganarse el sustento diario, la respuesta fue de indiferencia ante el sufrimiento de estas personas que, en las palabras de Alarcón, tenían "la desgracia de pertenecer al tercer mundo y no al mundo de los ricos".

La delegación cubana también puso de relieve el descaro de Washington en lo referente a las sanciones comerciales impuestas por Naciones Unidas. La ONU ha impuesto embargos tan solo dos veces en sus 45 años de historia —en 1967 contra el régimen racista de Rhodesia del Sur (actualmente Zimbabwe) y un embargo de armas contra el régimen del apartheid de Sudáfrica en 1977. Como Alarcón documentó en su declaración ante el Consejo de Seguridad el 13 de septiembre de 1990, Estados Unidos violó de forma flagrante el embargo contra Rhodesia del Sur, justificando su violación en base a intereses de "seguridad nacional", y ¡a la imposibilidad de conseguir cromo a un precio más barato en cualquier otra parte! De igual forma, Washington y las otras potencias imperialistas hacen excepciones unilaterales en el caso de Sudáfrica.

A pesar de la condena casi universal de parte de la Asamblea General contra Israel por su invasión y ocupación por 23 años de los territorios de la Franja de Gaza, la Ribera Occidental del río Jordán y Jerusalén oriental, señaló Alarcón el 6 de agosto, "Parece que no hay que imponer sanciones al ocupante cuando es Israel". Cuando una parte de Angola estuvo ocupada por Sudáfrica durante unos 15 años, el Consejo de Seguridad tampoco adoptó acción alguna.

Durante el debate del Consejo de Seguridad del 6 de agosto, Alarcón preguntó si alguno de los presentes creía realmente que lo que el gobierno de Estados Unidos estaba haciendo en el Oriente Medio era "una expresión de un cambio, de algo nuevo, en la realidad internacional".

La historia de la guerra de Corea, y el papel que la ONU jugó en ese conflicto, resultan particularmente educativos. Hace 40 años, Washington se sirvió del disfraz de la ONU para organizar lo que en realidad constituyó una invasión norteamericana de Corea para mantener la división de ese país, violando así los derechos nacionales del pueblo coreano. La división había sido establecida a través de un común acuerdo entre los gobiernos norteamericano y soviético al final de la segunda guerra mundial.

En 1950, la delegación norteamericana impulsó una serie de resoluciones en el Consejo de Seguridad. Naciones Unidas respaldó con su autoridad una de las operaciones militares más grandes jamás realizadas por Washington. Toda la guerra de Corea, de 1950–53, fue peleada bajo la bandera de la ONU, mientras el gobierno norteamericano recibió la autorización del Consejo de Seguridad para comandar las fuerzas enviadas a Corea por 16 países. Hoy día, la bandera azul de Naciones Unidas aún ondea sobre las tropas norteamericanas estacionadas a lo largo de la frontera que divide a Corea, a pesar de que en 1975 una resolución de la Asamblea General convocó a la disolución del llamado comando de la ONU. El gobierno de Estados Unidos se niega hasta la fecha a firmar un tratado que ponga fin al estado de guerra.

La legitimidad de las resoluciones de 1950 del Consejo de Seguridad ha sido rechazada siempre por la Unión Soviética y muchos otros miembros de la ONU, ya que dichas medidas fueron adoptadas sin la participación de la delegación soviética o de la República Popular China. En aquel entonces, el gobierno soviético estaba boicoteando las reuniones del Consejo de Seguridad en protesta de la negativa de la ONU —ante la insistencia de Washington— de concederle un puesto al representante de la República Popular China

(Taiwán retuvo el puesto hasta 1971).

El rumbo de Washington durante la guerra de Corea, sin embargo, ofrece pruebas convincentes de que las actuales acciones norteamericanas en el Oriente Medio —incluso el uso del Consejo de Seguridad para ofrecerle un manto internacional a la agresión norteamericana, a la vez que sostiene que ningún cuerpo de Naciones Unidas tiene nada que decir sobre las decisiones militares norteamericanas— no representan nada nuevo.

El cese del despojo

En las deliberaciones del Consejo de Seguridad del 29 de octubre de 1990, Alarcón señaló que mientras la delegación norteamericana mantuvo a ese cuerpo entretenido en disquisiciones metafísicas sobre preámbulos y asteriscos, "el gobierno de Estados Unidos anunciaba el envío de otros 100 mil soldados a la región que nos ocupa y los dirigentes de la administración y del Congreso de los Estados Unidos discutían abiertamente acerca de cómo comenzará el ataque militar".

Esta misma cortina de humo ha sido usada no solo en los salones de Naciones Unidas, sino en todo el mundo. Los apologistas de Washington están tratando de desviar la atención de los únicos hechos que cuentan: el tamaño masivo y el carácter mortal de la fuerza militar encabezada por el imperialismo que sistemáticamente está siendo ensamblada y preparada para una ofensiva.

Para el pueblo trabajador en Estados Unidos y alrededor del mundo, es extremadamente elevado lo que está en juego con la guerra y la catástrofe económica hacia las que Washington nos empuja. Una guerra norteamericana contra Iraq resultaría en la masacre de civiles y soldados iraquíes, pérdidas enormes entre los residentes kuwaitíes, y la muerte de miles de jóvenes obreros y agricultores que visten los uniformes de las fuerzas armadas tanto norteamericanas como las de los otros aliados. Significaría apuros económicos indescriptibles para cientos de millones de trabajadores. Como advirtiera Castro en el discurso del 28 de septiembre de 1990 que cierra esta colección, las consecuencias serían especialmente devastadoras para el tercer mundo.

No obstante, la amplia reacción internacional a la masacre israelí de 21 palestinos en Jerusalén el 8 de octubre de 1990, demostró la posición precaria en que se encuentra Washington. Para mantener su coalición contra Iraq, el gobierno norteamericano se vio obligado a unirse a la condena de su principal aliado en el Oriente Medio, el régimen de Israel. El imperialismo norteamericano actúa en la actualidad no a partir de una posición de un poderío creciente sino de una que refleja inestabilidad y vulnerabilidad crecientes del capitalismo mundial.

Un asalto militar norteamericano contra Iraq generaría repugnancia a nivel mundial. Estallaría una oposición masiva por todo el mundo árabe, en otras áreas del Oriente Medio y entre los pueblos musulmanes de todas partes. Se desarrollaría un movimiento internacional de protesta mucho más rápidamente, y con fuerzas sociales mucho más poderosas, incluso, que durante la guerra de Vietnam. Ya se han empezado a organizar los primeros contingentes de un movimiento antiguerra dentro de Estados Unidos. Esto se hizo evidente en las calles de ciudades en todo el país el 20 de octubre de 1990, cuando decenas de miles se unieron a las acciones que exigían, "¡Tropas norteamericanas fuera del Oriente Medio!". La participación de un número de reservistas y personal militar en servicio activo que se oponen a los preparativos de guerra en el Oriente Medio, fue una señal de la profunda oposición que se montará y que estallará bajo condiciones de guerra.

La meta de todos los que se preocupan por el futuro de la humanidad es la de movilizar la opinión pública mundial, y particularmente la opinión pública en Estados Unidos, para contrarrestar la campaña guerrerista de Washington. Esa es la razón por la que el papel que actualmente juegan los representantes del gobierno cubano en el Consejo de Seguridad de Naciones Unidas es tan importante. Como ya antes lo han hecho, los líderes de la revolución cubana están utilizando a Naciones Unidas como una tribuna desde la cual se pronuncian y trazan un rumbo de acción en defensa de los intereses del pueblo trabajador del mundo entero.

En septiembre de 1960, Fidel Castro se dirigió a la Asamblea General de la ONU. Refiriéndose a la explotación de la mayoría de los pueblos del mundo por parte de los gobernantes capitalistas de un puñado de países, Castro le dijo a los delegados: "Cese la filosofía del despojo y cesará la filosofía de la guerra".

Cuatro años más tarde, otro líder mundial, Ernesto Che Guevara, se dirigió a Naciones Unidas como jefe de la delegación cubana. Citando la declaración de Castro, añadió, "Pero la filosofía del despojo no solo no ha cesado, sino que se mantiene más fuerte que nunca".

Cuando Castro se dirigió a la Asamblea General por segunda vez, en octubre de 1979, lo hizo representando al Movimiento de Países No Alineados. Hablaba, dijo Castro, "en nombre de los niños que en el mundo no tienen un pedazo de pan".

"Hemos venido a hablar de paz y colaboración entre los pueblos", dijo Castro. "Y hemos venido a advertir que si no resolvemos pacífica y sabiamente las injusticias y desigualdades actuales el futuro será apocalíptico".

Las páginas que siguen son una contribución a la batalla por evitar la matanza y la devastación económica hacia las que Washington nos obliga a marchar, y para evitar que ese futuro del que Castro habló llegue a convertirse en presente.

Mary-Alice Waters
9 DE NOVIEMBRE DE 1990

La región del Golfo

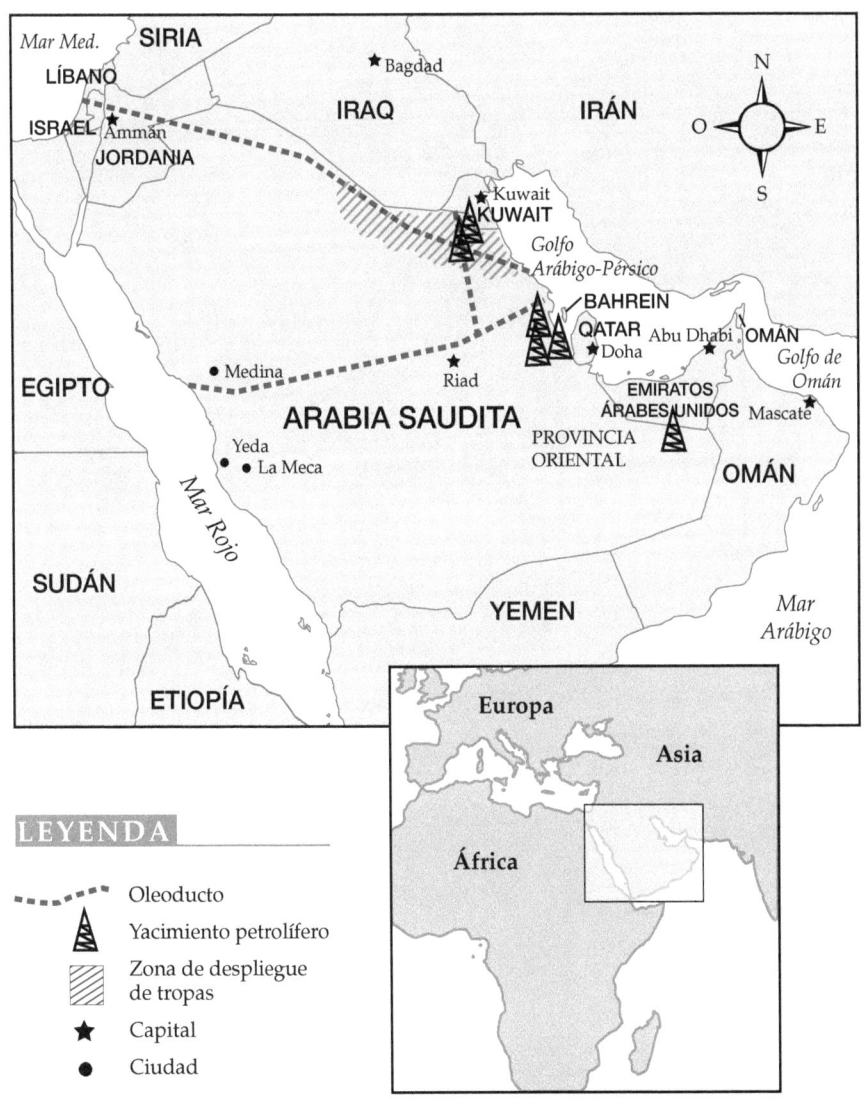

1

*'¿Es el respeto a la independencia,
la soberanía, y la integridad territorial
lo que mueve a Estados Unidos?'*

Resolución 660 (1990)

Consejo de Seguridad, 2 de agosto de 1990

La siguiente resolución fue aprobada por un voto de 14-0-1; el voto de abstención fue emitido por Yemen.[1]

EL CONSEJO DE SEGUIDAD,

ALARMADO por la invasión de Kuwait el 2 de agosto de 1990 por las fuerzas militares del Iraq,

DETERMINANDO que, en relación con la invasión de Kuwait por el Iraq, existe un quebrantamiento de la paz y la seguridad internacionales,

ACTUANDO de conformidad con los artículos 39 y 40 de la Carta de las Naciones Unidas:[2]

1. CONDENA la invasión de Kuwait por el Iraq;
2. EXIGE que el Iraq retire de inmediato e incondicionalmente todas sus fuerzas a las posiciones en que se encontraban el 1 de agosto de 1990;
3. EXHORTA al Iraq y a Kuwait a que inicien de inmediato negociaciones intensivas para resolver sus diferencias y apoya todos los esfuerzos que se realicen al respecto, y especialmente los de la Liga de los Estados Árabes;[3]
4. DECIDE volver a reunirse, según sea necesario, a fin de considerar la adopción de otras medidas para asegurar el cumplimiento de la presente resolución.

'Cuba contribuirá a una solución política negociada'

*Ministerio de Relaciones Exteriores de Cuba,
2 de agosto de 1990*

La siguiente declaración fue emitida en La Habana.

En la madrugada de hoy tropas de Iraq penetraron en el territorio del Estado de Kuwait después que se interrumpieron las negociaciones para encontrar solución a su diferendo sobre las cuotas de producción de petróleo, el precio del crudo y la delimitación de sus fronteras.

Cuba considera inaceptable el uso de la fuerza para solucionar los conflictos internacionales y teniendo en cuenta la decisión aprobada esta madrugada por el Consejo de Seguridad, del cual es miembro, insiste en la necesidad urgente de restablecer los derechos soberanos de Kuwait y apoya la búsqueda de una solución en el marco de la Liga Árabe.

Alerta, además, a la comunidad internacional a fin de que esta acción no sirva de pretexto al gobierno de los Estados Unidos y a algunos de sus aliados para incrementar su presencia y llevar a cabo una intervención militar directa en la región.

Cuba, que mantiene amistosas relaciones con Iraq, hace un llamamiento a su gobierno para que retire sus tropas de Kuwait, país al que también nos unen lazos amistosos; y reinicie de inmediato las negociaciones pertinentes para solucionar por vías políticas el diferendo.

Cuba emprenderá en el seno del Movimiento de Países No Alineados,[4] al que también pertenecen Iraq y Kuwait, los contactos que resulten apropiados para contribuir a hallar una solución política negociada.

'No puede escapársenos el peligro que entraña la escalada militar de Estados Unidos para los países de la región'

Fidel Castro, 2 de agosto de 1990

La siguiente carta al presidente del Movimiento de Países No Alineados fue redactada en La Habana.

Compañero Borislav Jovic
Presidente de la Presidencia
de la República Socialista Federativa de Yugoslavia

Estimado compañero presidente:

 Me dirijo a usted, en su calidad de presidente del Movimiento de Países No Alineados, en relación con los lamentables acontecimientos ocurridos esta madrugada entre el Iraq y el estado de Kuwait, ambos miembros de nuestro Movimiento.
 Pensamos que los No Alineados no pueden dejar de ejercer su influencia y acción con vistas a contribuir al logro urgente de una solución pacífica al conflicto, teniendo en

cuenta no solo la inadmisibilidad del uso de la fuerza en las relaciones internacionales, sino las consecuencias que podrían derivarse para los estados de la región, incluidos Kuwait y el propio Iraq.

No puede escapársenos, al respecto, el peligro que para la paz en el Golfo, así como para la independencia y la soberanía de los países de la región, entrañarían una escalada de la presencia militar de los Estados Unidos y algunos de sus aliados en esa zona u otra eventual agresión de aliados de Estados Unidos contra (repito) contra los estados árabes.

Por estas razones, le insto a dar los pasos inmediatos que fueren necesarios para que el Movimiento No Alineado despliegue su acción sin demora alguna en apoyo de los esfuerzos de la comunidad internacional en favor de una solución pacífica y en evitación de las posibles consecuencias mencionadas.

Al hacerlo, expreso la entera disposición de nuestro gobierno a participar plenamente en las acciones que se decidan.

Acepte, compañero presidente, las seguridades de mi alta consideración.

Fidel Castro Ruz
PRESIDENTE DEL CONSEJO DE ESTADO Y
DEL GOBIERNO DE LA REPÚBLICA DE CUBA

Resolución 661 (1990)

Consejo de Seguridad, 6 de agosto de 1990

La siguiente resolución fue aprobada con un voto de 13-0-2; Cuba y Yemen emitieron los votos de abstención.

EL CONSEJO DE SEGURIDAD,

REAFIRMANDO su Resolución 660 (1990), de 2 de agosto de 1990,

PROFUNDAMENTE PREOCUPADO porque esa resolución no se ha aplicado y porque continúa la invasión de Kuwait por el Iraq, con más pérdidas de vidas y destrucción de bienes,

DECIDIDO a poner fin a la invasión y ocupación de Kuwait por el Iraq y a restablecer la soberanía, independencia e integridad territorial de Kuwait,

OBSERVANDO que el gobierno legítimo de Kuwait ha expresado su disposición a cumplir la Resolución 660 (1990),

CONSCIENTE de sus responsabilidades en virtud de la Carta de las Naciones Unidas respecto del mantenimiento de la paz y seguridad internacionales,

AFIRMANDO el derecho inmanente de legítima defensa, individual o colectiva, en respuesta al ataque armado del Iraq contra Kuwait, de conformidad con el Artículo 51 de la Carta,[5]

ACTUANDO de conformidad con el Capítulo 7 de la Carta de Naciones Unidas:[6]

1. DETERMINA que, hasta ahora, el Iraq no ha cumplido con el párrafo 2 de la Resolución 660 (1990) y ha usurpado la autoridad del gobierno legítimo de Kuwait;

2. DECIDE, como consecuencia, tomar las siguientes medidas para lograr que el Iraq cumpla con el párrafo 2 de la Reso-

lución 660 (1990) y restablecer la autoridad del gobierno legítimo de Kuwait;
3. DECIDE que todos los estados impedirán:
   (a) La importación a sus territorios de todos los productos originarios del Iraq o Kuwait que sean exportados desde éstos después de la fecha de la presente resolución;
   (b) Todas las actividades de sus nacionales o en sus territorios que promuevan o tengan por objeto promover la exportación o el transbordo de cualesquiera productos o bienes del Iraq o Kuwait; y cualesquiera transacciones por sus nacionales o por buques de su pabellón o en sus territorios de productos o bienes originarios del Iraq o Kuwait y exportados desde éstos después de la fecha de la presente resolución, incluidas en particular cualesquiera transferencias de fondos del Iraq o Kuwait para atender a esas actividades o transacciones;
   (c) La venta o suministro por sus nacionales o desde territorios o mediante la utilización de buques con sus pabellones de cualesquiera productos o bienes, incluidas las armas y cualquier otro tipo de equipo militar, originarios o no de sus territorios, pero excluidos los suministros destinados estrictamente a fines médicos, y, en circunstancias humanitarias, los alimentos, a cualquier persona o entidad en el Iraq o Kuwait, o a cualquier persona o entidad en relación con cualesquiera negocios realizados en el Iraq o Kuwait, o dirigidos desde éstos, y cualesquiera actividades de sus nacionales o en sus territorios que promuevan o tengan por objeto promover tal venta o suministro de esos productos o bienes;
4. DECIDE que todos los estados se abstendrán de poner a disposición del gobierno del Iraq, o de cualquier empresa comercial, industrial o de servicios públicos que opere en el Iraq o Kuwait, cualesquiera fondos o cualesquiera otros recursos financieros o económicos, e impedirán que sus

nacionales y cualesquiera personas que se encuentren en sus territorios retiren de éstos o pongan de otra manera a disposición de ese gobierno o de esas empresas, cualesquiera de esos fondos o recursos y remitan cualesquiera otros fondos a personas o entidades que se encuentren en el Iraq o Kuwait, con la única excepción de los pagos con fines estrictamente médicos o humanitarios y, en circunstancias humanitarias, los alimentos;

5. EXHORTA a todos los estados, incluidos los estados que no son miembros de las Naciones Unidas, a que actúen en estricta conformidad con las disposiciones de la presente resolución, independientemente de cualquier contrato suscrito o licencia otorgada antes de la fecha de la presente resolución;

6. DECIDE establecer, de conformidad con el Artículo 28 del reglamento provisional del Consejo de Seguridad, un comité del Consejo de Seguridad integrado por todos los miembros del Consejo para que realice las tareas indicadas a continuación e informe al Consejo sobre su labor y le presente observaciones y recomendaciones:
    (a) Examinar los informes sobre la aplicación de la presente resolución que ha de presentar el secretario general [Javier Pérez de Cuéllar];
    (b) Obtener de todos los estados más información sobre las medidas que adopten en relación con la aplicación efectiva de las disposiciones de la presente resolución;

7. EXHORTA a todos los estados a que presten toda su colaboración al comité en la realización de sus tareas, incluido el suministro de la información que el comité pueda solicitar en cumplimiento de la presente resolución;

8. PIDE al secretario general que preste toda la asistencia necesaria al comité y que tome las disposiciones necesarias en la secretaría con ese objeto;

9. DECIDE que, no obstante lo dispuesto en los párrafos 4 a 8 *supra*, ninguna de las disposiciones de la presente resolu-

ción prohibirá que se preste asistencia al gobierno legítimo de Kuwait, y exhorta a todos los estados a que:
(a) Tomen medidas adecuadas para proteger los bienes del gobierno legítimo de Kuwait y de sus organismos;
(b) Se abstengan de reconocer cualquier régimen establecido por la potencia ocupante;
10. PIDE al secretario general que informe al Consejo sobre la aplicación de la presente resolución y que presente el primer informe al respecto dentro de 30 días;
11. DECIDE mantener este tema en su orden del día y continuar sus esfuerzos para poner fin cuanto antes a la invasión de Kuwait por el Iraq.

'Esta resolución será utilizada por Estados Unidos para acrecentar su intervención'

Ricardo Alarcón, 6 de agosto de 1990

La siguiente declaración del embajador de Cuba ante la ONU fue formulada durante la discusión de la Resolución 661 (1990) del Consejo de Seguridad.

Señor presidente, ante todo, permítame felicitarlo por su desempeño en la presidencia de nuestro Consejo y extender también nuestro reconocimiento a su predecesor, el representante de Malaysia, por el modo en que desempeñó igual función el mes pasado.[7]

Para Cuba, los principios de no intervención en los asuntos internos de los estados, sea cual sea el motivo, de no uso de la fuerza en las relaciones internacionales, de solución pacífica de las controversias entre los estados y de respeto a la independencia, soberanía e integridad territorial de todas las naciones son esenciales del orden internacional y en defensa de tales principios es que hemos manifestado nuestra inconformidad y nuestro rechazo por la entrada de las tropas del Iraq en territorio de Kuwait hace unos días, y que hemos expresado la necesidad de que se ponga fin a esa situación con la retirada de las tropas iraquíes del territorio de Kuwait y el restablecimiento pleno de la soberanía de Kuwait.

Se trata, para nosotros, de dos estados y dos gobiernos con los que hemos mantenido y mantenemos relaciones de amistad que hacen que nos preocupe especialmente la situación que se ha creado entre ambos. Es por ese motivo que mi delegación dio su voto favorable a la Resolución 660 (1990), aprobada por este Consejo.

Sin embargo, mi delegación desea explicar los motivos por los cuales no está en condiciones de aprobar el proyecto de resolución que ha sido presentado ahora ante el Consejo.

Ante todo, nos parece que ese texto —y la imposición ahora de las sanciones que se proponen— lejos de contribuir a avanzar en la solución del conflicto, tiende a complicar aún más la situación en momentos en que el Iraq ha comenzado la retirada de sus tropas, como ha reiterado acá el embajador de ese país. El proyecto facilitaría las acciones injerencistas que tienen lugar en la región y que abiertamente promueve y anuncia el gobierno de los Estados Unidos de América. El proyecto también dificultaría las gestiones y los esfuerzos que para alcanzar una solución realizan actualmente los estados árabes. El proyecto, además, adolece de otras características que mi delegación no puede dejar de señalar.

Ante todo, se nos pide que aprobemos determinadas sanciones que ya han sido impuestas unilateralmente por las principales potencias desarrolladas de este mundo. Se trata, por otra parte, de presentarnos ante una situación en la que aparentemente algunos estados y, en particular, su principal promotor, los Estados Unidos de América, habrían descubierto ahora, súbitamente, el valor de esos principios fundamentales a los que aludía hace unos momentos.

Se habla frecuentemente en nuestras deliberaciones de los cambios que ocurren en la arena internacional. Me pregunto si realmente alguien cree que estamos también ante una expresión de un cambio, de algo nuevo, en la realidad internacional. ¿Es realmente la motivación norteamericana la defensa de los derechos de los estados débiles, de los países pequeños? ¿Es realmente la defensa del principio de no intervención? ¿Es realmente la defensa del principio del no uso de la fuerza en las relaciones internacionales? ¿Es realmente la vocación por promover el respeto a la independencia, la soberanía y la integridad territorial de los estados lo que mueve a los Estados Unidos de América a promover estas sanciones contra el Iraq? ¿Es realmente eso? ¿Es realmente la defensa de los legítimos intereses del gobierno de Kuwait? ¿Es realmente la preocupación por Kuwait lo que motiva a la delegación norteamericana a actuar en la forma en que lo está haciendo, o son sus propósitos hegemonistas e intervencionistas en el Oriente Medio?

Mi delegación no tiene la menor duda de cuál es la respuesta a esas interrogantes, pero además ningún Consejo ni la comunidad internacional tiene motivo alguno para tener la menor duda.

El proyecto de resolución que tenemos ante nosotros, originalmente lo recibimos todos en un texto casi idéntico por fax procedente de la Misión de los Estados Unidos; en el caso de mi misión a las 5:48 p.m. del viernes 3 de agosto. Aquí ahora se trata de fundamentarlo y de justificarlo sobre la base de que el Iraq no habría completado la retirada de sus tropas del territorio de Kuwait, o interpretando de un modo o de otro declaraciones que se produjeron en Bagdad el domingo [5 de agosto] o las que formuló acá el representante permanente de ese país. Pero eso no es verdad.

Realmente el proyecto y el plan de imponer sanciones contra el Iraq existen desde antes de que hubiéramos llegado a esta nueva fase de las deliberaciones del Consejo, ignorando incluso la declaración, que también se produjo el viernes 3 de agosto, del gobierno del Iraq, en el sentido de que iba a iniciar la retirada de sus tropas de Kuwait. Pero además de eso, mientras discutíamos o negociábamos o consultábamos este proyecto de resolución, el gobierno de los Estados Unidos envió un contingente de infantes de marina al territorio de Liberia.[8] No recuerdo que haya habido consulta alguna al respecto. No conozco qué resolución de este Consejo o qué petición de qué grupo de estados de este mundo invitó a la infantería de marina norteamericana a penetrar sin permiso de nadie en el territorio de Liberia. Y allá están, y según han dicho van a estar el tiempo que consideren pertinente.

Se habla ahora, para tratar de justificar este proyecto de resolución, de las posiciones que diversos estados o grupos de estados hemos tomado con relación al conflicto tan lamentable entre el Iraq y Kuwait. Pero, es imposible dejar de recordar que durante 23 años los estados de la región —Iraq, Kuwait y todos los demás—, todos los estados No Alineados y la Asamblea General casi unánimemente han condenado la ocupación por Israel de los territorios que ya hemos aceptado como una tradición diplomática llamar territorios ocupados. Porque parece que eso sí se puede ocupar para siempre. Parece que no hay que imponer sanciones al ocupante cuando es Israel. ¿Se ha tomado en cuenta la opinión de los países No Alineados, de los países de la región del Oriente Medio, para proponer acciones más efectivas que obliguen a Israel a retirar sus tropas de los territorios ocupados y a reconocer los derechos, que también existen, de ese otro pueblo árabe que es el pueblo palestino?

Pero todos sabemos también que hace unos seis meses este mismo Consejo de Seguridad consideró de modo informal en consultas no oficiales un proyecto de resolución sobre los últimos desarrollos con relación a los territorios ocupados. ¿Qué ha hecho el Consejo? ¿Ha podido actuar? ¿Por qué no ha podido actuar? ¿Alguien ignora la razón? ¿No sabemos todos que ha sido por la oposición de la delegación de los Estados Unidos de América a que incluso se declare que es ilegal esa ocupación, para no hablar de sanciones, para no hablar de medidas más eficaces contra el ocupante?

El territorio de Angola estuvo ocupado durante 15 años por las tropas del régimen de Sudáfrica.[9] Mi delegación no recuerda ocasión alguna en que nadie hubiera descubierto el principio de la no intervención, del respeto a la integridad territorial, y mucho menos, que hubiera pretendido imponer sanciones eficaces contra Sudáfrica para obligarla a abandonar el territorio angoleño.

El territorio del Líbano —o parte de él— desde hace 12 años es ocupado por Israel.[10] Todos sabemos que en vísperas del inicio de este conflicto tan deplorable entre el Iraq y Kuwait el Consejo tuvo que considerar una vez más la situación respecto a la fuerza de las Naciones Unidas en el sur del Líbano y que tuvimos que limitarnos a renovar el mandato de esa fuerza y a emitir una declaración presidencial, tersa y cuidadosa, que no se refería a sanciones fuertes contra Israel, a pesar de que Israel, según el propio informe del secretario general que examinábamos entonces, no acata la resolución pertinente del Consejo, no colabora con la fuerza de las Naciones Unidas allí instalada y, peor aún, la ataca.

Peor aún, teníamos que comprobar en ese informe que dos soldados nepaleses habían perdido la vida en incidentes no provocados en los que fueron víctimas de las armas israelíes. ¿Expresamos, ya que no adoptamos sanciones, siquiera la condena del Consejo de Seguridad ante esa situación? ¿Expresamos siquiera que deplorábamos el que tras 12 años de ocupación del sur del Líbano, Israel no exprese aún siquiera disposición a abandonar ese territorio? ¿Expresamos siquiera preocupación? ¿Hubo alguna iniciativa enviada por fax a nuestras misiones para urgirnos a reunirnos de inmediato y tomar ese tipo de decisiones? Evidentemente no fue el caso.

Hace siete meses, también el territorio de un país pequeño, débil [Panamá], fue invadido por una fuerza militar de una gran potencia. En pocas horas esa gran potencia, los Estados Unidos de América, tomó posesión de ese país. Hubo una novedad en ese caso que quizás no tenga antecedentes. Instaló un nuevo gobierno que quizás sea el primero en el mundo en el que un presidente, un jefe de gobierno, tomó posesión en una base militar norteamericana, por supuesto en presencia del general en jefe de los ocupantes.[11]

Hace siete meses ocurrió tal cosa. Desde luego no hubo resolución norteamericana pidiendo que se impusieran sanciones contra los Estados Unidos, pero tampoco hubo mucha receptividad —lamentablemente debo decirlo— entre otros miembros del Consejo y eso hizo imposible que el Consejo se pronunciara siquiera sobre el asunto. La Asamblea General sí lo hizo. La Asamblea General en aquella ocasión votó una resolución, en la que se mostró que cuatro de los países que copatrocinan el proyecto de resolución que está ante nosotros votaron en contra de la resolución que la Asamblea General de las Naciones Unidas aprobó respecto a la ilegal invasión norteamericana del territorio panameño.[12]

Se ha dicho por algunos durante nuestras consultas que el hecho de que no hubiéramos podido adoptar posiciones consecuentes, consistentes, con la defensa de estos principios, en otros casos, no nos debería llevar a que no lo hiciéramos ahora. Es decir, que aceptáramos la selección norteamericana de cómo, dónde y cuándo se aplican los principios. Pero aquí no estamos hablando de historia pasada. Si se quiere, el Consejo puede tomar medidas efectivas con relación a la potencia que continúa ocupando los "territorios ocupados".

El Consejo podría tomar decisiones efectivas con relación a la potencia que sigue ocupando ilegalmente el sur del Líbano y, por supuesto, contra la potencia que continúa ocupando Panamá siete meses después de su invasión. Luego, si hubiera la más mínima intención de ser consistente, todavía aquí y ahora se podría empezar a enmendar esa contradicción que, evidentemente, se nos presenta cuando de modo selectivo se pretende aplicar por segunda vez, como nos recordaba el embajador [norteamericano Thomas R.] Pickering, sanciones tan drásticas contra alguien.

Yo recuerdo otra que quizás sea aquella a la que aludía el embajador de los Estados Unidos: las decisiones que este Consejo de Seguridad adoptó con relación al régimen ilegal de Rhodesia cuando éste declaró unilateralmente la independencia de ese territorio como medio —todos recuerdan la historia— de evitar que el pueblo de Zimbabwe, hoy afortunadamente independiente y soberano, pudiera alcanzar la verdadera independencia.

Pero las autoridades de aquel régimen minoritario racista de Rhodesia tomaron esa decisión unilateral en 1965. La Asamblea General inmediatamente aprobó una resolución con amplio apoyo de la inmensa mayoría de sus miembros exigiendo que se tomaran medidas eficaces contra ese régimen para restaurar la legalidad y permitir que hubiera un proceso verdadero de descolonización que condujera, como finalmente se produjo, a la independencia.

Y, ¿cuándo actuó el Consejo de Seguridad? ¿En octubre de 1965, en noviembre, en diciembre? ¿Actuó en menos de 48 horas? ¿O esperó días, esperó meses, esperó semanas? Pese a que todos los estados de la región, todos los africanos, pese a que todos los países No Alineados y la inmensa mayoría de la Asamblea General instaba a este órgano a que cumpliera y adoptase medidas eficaces contra Rhodesia, el Consejo de Seguridad actuó en 1967, dos años después de aquel intento de privar al pueblo de Zimbabwe de sus derechos nacionales inalienables.

Mi delegación no tiene dudas de que la adopción de este proyecto de resolución, en lugar de contribuir a alcanzar una rápida solución del conflicto —que a nuestro juicio tiene que pasar por el retiro de las tropas iraquíes y la plena restauración de la soberanía de Kuwait—, y lejos de contribuir a ello, más bien pensamos y estamos persuadidos de que servirá o será utilizada como parte de los designios de los Estados Unidos de América para acrecentar su intervención en una parte del mundo que, por lo visto, considera como si fuera propia.

Y debo agradecer al embajador Pickering algo que me parece que no deja de resultar ilustrador. Yo escuchaba atentamente, como siempre hago, su declaración y al mismo tiempo seguía el texto del comunicado de prensa, que la misión norteamericana había distribuido, que contiene esa declaración. Hubo algunos párrafos, algunas ideas adicionales que él agregó durante su intervención, pero hubo una frase que omitió, una frase que está en el comunicado de prensa que, sin embargo, no fue pronunciada por el embajador Pickering. Yo comprendo las razones por las cuales quizás él no quiso pronunciarlas y además le agradezco que lo haya hecho así.

En la página 2 de ese texto distribuido por la misión norteamericana, en el segundo párrafo se hace referencia a la Resolución 660 (1990), después se dice que el Consejo de Seguridad de las Naciones Unidas debe establecer inequívocamente hoy que toda la familia de naciones civilizadas no tolerará esta conducta, es decir, la de un estado que, según el texto de la declaración, no estaría acatando la decisión del Consejo. Después viene una frase que desapareció de la exposición oral del embajador de los Estados Unidos. Es muy breve, realmente son cuatro palabras que yo voy a citar. Dice así el texto no leído: *"not here not ever"* (no acá ni nunca).

Esta frase no podía ser pronunciada, porque está apuntando precisamente a esa inconsistencia y a esa selectividad inaceptable del enfoque norteamericano con este proyecto de resolución. Los Estados Unidos no están realmente en posición de hacer que estos principios y que estas normas se apliquen no solo aquí, sino allá y acullá, no solo ahora sino siempre, y que nunca dejen de ser aplicados. Las razones creo que son más que obvias. No hace falta insistir mucho en ello.

Por estar convencidos de que el proyecto de resolución que se nos ha presentado realmente no contribuye a la solución del conflicto y por considerar que además parte de un enfoque que no debe ser compartido por la comunidad internacional, un enfoque que se corresponde no con el deseo de restaurar el derecho, no con la intención de salvaguardar los legítimos derechos del gobierno de Kuwait, sino de hacer avanzar los intereses estratégicos de una gran potencia que se cree la dueña del Oriente Medio, por esas razones mi delegación no puede apoyar el proyecto presentado.

2

*'Estados Unidos busca invocar
la Carta de la ONU
para legitimar
su intervención armada'*

'Percibimos los preparativos de una intervención militar directa de Estados Unidos y sus aliados'

Fidel Castro, 7 de agosto de 1990

La siguiente carta fue enviada a los jefes de estado árabes.[13]

Excelencia:

Me dirijo a usted profundamente preocupado por los acontecimientos que amenazan al mundo árabe y a la humanidad.

Creo firmemente que en manos de los líderes de la nación árabe se halla todavía la posibilidad, en estos cruciales momentos, de impedir que el conflicto surgido entre Iraq y Kuwait desemboque en una situación adversa para la independencia de muchos estados árabes, en una catástrofe económica y en un holocausto que afecte a parte importante de sus pueblos. Tal es la amenaza que percibimos en los crecientes y acelerados preparativos de una intervención militar directa de los Estados Unidos y sus aliados. No menos alarmantes son las evidencias de gestiones encaminadas a la creación, con iguales propósitos intervencionistas, de una fuerza multinacional cuya composición expresa una nueva correlación de fuerzas a escala mundial que se volcaría contra los intereses de los pueblos árabes.

En su actual condición de miembro no permanente del Consejo de Seguridad, Cuba no vaciló en sumar su voto en favor de la Resolución 660 del Consejo del pasado 2 de agosto. No sin dolor y amargura dimos ese paso necesario y justo, sustentado en una política de principios respecto a lo inadmisible del recurso de la fuerza y de la superioridad militar para resolver contradicciones entre países, máxime cuando se trata de un enfrentamiento fratricida entre pueblos del tercer mundo. Tanto a Iraq como a Kuwait nos unen lazos de respeto y amistad que se nutren de la solidaridad de Cuba con la nación árabe y el pueblo palestino frente a la agresión y a la expansión colonial israelí. Son conocidos, por demás, nuestros vínculos históricos de colaboración en diversos campos con numerosos países árabes.

Esos mismos principios, que como usted sin dudas comprenderá son muy caros a Cuba, permanentemente amenazada de agresión, y la convicción de que si algo debemos hacer en una coyuntura como ésta es no echar leña al fuego de la guerra, determinaron nuestra abstención hace apenas unas horas ante un nuevo proyecto de resolución del Consejo de Seguridad, patrocinado y febrilmente gestionado por Estados Unidos para imponer, entre otras medidas, un bloqueo económico total a Iraq [Resolución 661 (1990)], paso que a nuestro juicio es precipitado y resta posibilidades a la solución pacífica. Esta nueva resolución, por la que con razón se congratulan Estados Unidos y sus aliados más cercanos, crea además condiciones ideales para una escalada y para el probable empleo de la más poderosa maquinaria bélica del planeta, con el incuestionable propósito de afianzar su hegemonía en la región.

Castigar a Iraq por su lamentable e inaceptable acción en Kuwait es solo un pretexto para Estados Unidos que busca incluso la posibilidad de invocar el Artículo 42 de la Carta de la ONU para legitimar su intervención armada y llevarla a cabo en nombre de la comunidad internacional.[14] A semejante desastre estamos expuestos. A nadie como a los líderes de la nación árabe puede resultarle más ofensivo el hecho de que sea este Consejo de Seguridad —virtualmente unánime con la única excepción de Yemen y de Cuba— el mismo que en virtud del veto impuesto precisamente por Estados Unidos haya sido incapaz siquiera de condenar, mucho menos de establecer sanciones contra Israel por la ocupación hace más de cuarenta años del territorio de Palestina y otros estados árabes. Gracias a ese anacrónico, injusto y antidemocrático privilegio del veto y a su inmoral empleo por Estados Unidos, tampoco ha sido posible que el Consejo de Seguridad condene el genocidio israelí contra la heroica *intifada*,[15] ni las acciones del ejército sionista que han producido la muerte de miembros de las propias fuerzas de la ONU en el Líbano.

Sería iluso y, sobre todo, en extremo peligroso, conceder la más mínima credibilidad a las motivaciones que Estados Unidos se atribuye para el desempeño protagónico en la crisis. Con su proverbial experiencia en manipulaciones, los variados y sensibles resortes de presiones, la capacidad militar de despliegue rápido y su probada vocación de oportunismo político, los órganos masivos de información, la diplomacia norteamericana y el Pentágono se conciertan con sus homólogos occidentales para capitalizar la lógica indignación que provocó en la comunidad internacional la acción de Iraq contra Kuwait, cuestionan, descalifican y entorpecen cualquier alternativa de solución política negociada que no se subordine a sus intereses geopolíticos y se apresuran a sacarle el máximo provecho a la situación creada.

¿De qué no serán capaces los Estados Unidos en una región vital como ésta si no se les frena a tiempo, cuando no tuvieron el menor escrúpulo y abofetearon a la comunidad internacional transformando a un minúsculo estado como

Granada[16] y a un país al que ya prácticamente ocupaban como Panamá, en polígono de sus más sofisticados armamentos?

¿Cómo dudar del peligro de que Estados Unidos se lance en una aventura de esta envergadura si fue capaz de planificar y realizar un ataque aéreo contra la residencia familiar del presidente de Libia, asumiendo, sin el aval con que cuenta ahora, el papel de verdugo internacional?[17] ¿Pueden extraerse otras conclusiones del desembarco de marines yanquis hace solo unas horas en Liberia?

A usted y a otros jefes de estado árabes me dirijo en esta hora en nombre de la responsabilidad que compartimos como miembros del Movimiento de Países No Alineados y del tercer mundo. En Cuba hemos conocido peligros mortales, incluyendo la amenaza de exterminio nuclear como en octubre de 1962,[18] y estamos realmente capacitados para ver, prever y apreciar con serenidad las circunstancias más dramáticas. No se trata, por tanto, ni de temor ni de alarmismo.

Sucede, en este caso, que la amenaza nos alcanza a todos los pueblos del tercer mundo, sin excepción posible, en los aspectos más sensibles que tienen que ver con nuestra economía, nuestra seguridad y nuestra independencia.

Las fuerzas regresivas y expoliadoras no se detendrán ante las consecuencias de una intervención militar, en la cual árabes y musulmanes, como pretende Estados Unidos, se dividirían y desangrarían entre sí, produciendo heridas tan profundas que tardarían decenas de años en subsanarse y causarían con su guerra incalculables destrucciones en la infraestructura y la economía de los países árabes que se conviertan en el escenario de esa guerra, que no tendría lugar en Europa o Estados Unidos, sino en el Golfo Arábigo-Pérsico.

Esto ocasionaría, a su vez, una catástrofe económica a todo el tercer mundo, cuyos intereses es justo tomar en cuenta en este instante. Es difícil suponer cuánta penuria y agobio puede acarrear a las ya maltrechas economías subdesarrolladas un desenlace como el que se perfila, en que los precios del petróleo se pondrían fuera del alcance de la mayoría de ellas sin reservas de combustible ni recursos para adquirirlo.

Es imposible soslayar, Su Excelencia, la trágica ironía de que Estados Unidos y los aliados que les acompañen en esta ingloriosa cruzada logren sus designios —entre ellos consolidar la dominación sionista— con un mínimo de pérdidas humanas para Occidente. Sus planes, durante largo tiempo elaborados y ensayados, conciben una guerra técnica, basada en la supremacía en armamentos y tecnología. Las bajas se producirán sobre todo entre los ejércitos y la población árabes involucrados en la operación.

Permítame participarle por último, Su Excelencia, la certeza que me anima de la sabiduría y el coraje de los líderes de la nación árabe y de la vitalidad de sus instituciones.

Nada ni nadie puede sustituir esa fuerza, esa autoridad y esa moral en la búsqueda inmediata de una solución negociada de un conflicto entre dos pueblos árabes, que implique, por supuesto, la retirada de las tropas iraquíes y el restablecimiento total de la soberanía de Kuwait, sin guerras catastróficas, holocaustos de pueblos e inmensa destrucción material. Del mismo modo, creo que el Movimiento de Países No Alineados y el sistema de Naciones Unidas, con todas sus imperfecciones y limitaciones, pueden secundar y hacer prevalecer la voluntad unida de la nación árabe contra la intervención y la agresión.

La gravedad y los peligros de la situación creada exigen por parte de los líderes más prestigiosos y destacados del mundo árabe acciones rápidas y efectivas. La experiencia histórica demuestra con creces que potencias hegemónicas como Estados Unidos acostumbran a imponer hechos consumados y desatar procesos muy difíciles de revertir.

Con todo respeto y la consideración que usted merece, lo exhorto a favorecer en el menor plazo posible, por encima de diferencias que ahora deben ocupar necesariamente un lugar secundario, y con el apremio que los riesgos demandan, esa unidad de criterio y de acción que estimo impostergables.

No dude usted ni por un instante que en este justo y noble empeño puede contar con el apoyo de la inmensa mayoría de los países de la comunidad internacional y, como es lógico, con la modesta cooperación de Cuba.

Fraternalmente,
Fidel Castro Ruz
PRESIDENTE DEL CONSEJO DE ESTADO Y
DEL GOBIERNO DE LA REPÚBLICA DE CUBA

Resolución 662 (1990)

Consejo de Seguridad, 9 de agosto de 1990

La siguiente resolución fue aprobada por voto unánime.

EL CONSEJO DE SEGURIDAD,

RECORDANDO sus resoluciones 660 (1990) y 661 (1990),

GRAVEMENTE ALARMADO por la declaración del Iraq sobre una "fusión total y eterna" con Kuwait,

EXIGIENDO, una vez más, que el Iraq retire inmediata e incondicionalmente todas sus fuerzas a las posiciones en que se encontraban el 1 de agosto de 1990,

DECIDIDO a poner término a la ocupación de Kuwait por el Iraq y a restablecer la soberanía, la independencia y la integridad territorial de Kuwait,

DECIDIDO TAMBIÉN a restablecer la autoridad del gobierno legítimo de Kuwait:

1. DECIDE que la anexión de Kuwait por el Iraq en cualquier forma y por cualquier pretexto carece de validez jurídica y ha de considerarse nula y sin valor;
2. EXHORTA a todos los estados, organizaciones internacionales y organismos especializados a no reconocer esa anexión y a abstenerse de todo acto o transacción que pudiera interpretarse como un reconocimiento indirecto de la anexión;
3. EXIGE ADEMÁS que el Iraq revoque las medidas en virtud de las cuales pretende anexarse a Kuwait;
4. DECIDE mantener este tema en su programa y proseguir sus esfuerzos para poner pronto término a la ocupación.

'Algunas potencias pretenden utilizar el Consejo para sus intereses estratégicos'

Ricardo Alarcón, 9 de agosto de 1990

La siguiente declaración fue hecha durante la discusión de la Resolución 662 (1990) del Consejo de Seguridad.

Seré breve porque, en realidad, no tendría ni siquiera que explicar el voto de mi delegación, que desde el primer momento en que fue consultada acerca de esta situación y del proyecto de resolución, confirmó que no tenía objeciones en darle su voto favorable y que estaba de acuerdo en que esa decisión fuera tomada en cualquier momento por el Consejo.

Me siento obligado, sin embargo, a hacer uso de la palabra para hacer algunos comentarios, porque hasta mí han llegado versiones según las cuales parece que alguien —no sé por qué motivo— se dio la tarea de desinformar a medios de opinión pública y a representantes de otros estados no miembros del Consejo acerca de una supuesta actividad cubana para evitar que esta resolución fuera aprobada, o para demorarla.

Como saben los miembros, en las reuniones informales del Consejo celebradas ayer comunicamos formalmente que estábamos dispuestos, ayer mismo, a votar esta resolución y a aprobarla por unanimidad, como estábamos seguros de que iba a ocurrir. Realmente, lo que mi delegación ha planteado en las consultas que hemos estado sosteniendo en estos días, después de la aprobación de la Resolución 661 (1990), es otra cosa. Lo hemos estado planteando incluso antes de que se produjera el anuncio [por el gobierno de Iraq el 8 de agosto] acerca de la anexión de Kuwait o del propósito de anexarse ese país.

Lo que hemos estado planteando, lo que me veo obligado a repetir aquí y en lo que me veré obligado a seguir insistiendo es en nuestra absoluta convicción de que el Consejo de Seguridad y la comunidad internacional tienen que actuar con energía y rapidez para evitar que el conflicto se siga agravando y se siga extendiendo; que no tenemos derecho a ignorar el hecho evidente de que determinadas potencias están tomando medidas unilaterales que no guardan relación con las decisiones tomadas por este Consejo y que, como explicamos en la sesión anterior, no obedecen al deseo de proteger la independencia, la soberanía ni la integridad territorial de Kuwait ni de ningún otro estado, sino que obedecen única y exclusivamente a los designios hegemónicos de esas potencias en el Oriente Medio.

No creemos que se pueda justificar la guerra ni el intervencionismo en el Oriente Medio con ninguna interpretación arbitraria del principio del derecho a la autodefensa. El mundo no terminó con Mussolini y las Naciones Unidas nacieron sobre los escombros del fascismo, y desde que existe esta Organización hemos sido testigos de cómo algunas grandes potencias pretenden utilizar este Consejo como instrumento de sus intereses estratégicos, más que como órgano para velar por la paz y la seguridad internacionales.

No voy a hacer una intervención extensa en esta ocasión. La última vez que hablé ante el Consejo recordé cómo este mismo órgano, no hace 50 años ni 60 años, sino ahora mismo, no puede actuar consecuentemente frente a otros problemas que tenemos ante nosotros. Mi delegación seguirá insistiendo en que tiene que rechazar cualquier enfoque selectivo y unilateral que sea concebido exclusivamente en beneficio de algunas grandes potencias. Y en este caso, muy en particular —no quiero que se me tome a mal pues sé que algunas delegaciones no gustan ser mencionadas por su nombre— se trata, sobre todo, de los Estados Unidos de América.

Se habla, por ejemplo, de la importancia que pueda tener la vigilancia de las rutas marítimas para poder garantizar la ejecución estricta de un embargo económico y comercial. Bien, mi delegación está dispuesta a esperar hasta el 17 de agosto.

Creo que acordamos que el 17 de agosto celebraríamos la próxima reunión del comité de este Consejo —que no fue creado la semana pasada, sino hace exactamente 13 años— para velar por la aplicación del embargo —no comercial, sino solamente de armas— al régimen de Sudáfrica.

Tenemos ante nosotros desde hace unas cuantas semanas un documento de una prestigiosa organización no gubernamental que señala cómo más de uno de los miembros de esta Organización y de este Consejo no cumplen exactamente con esas disposiciones.[19]

Quizás la idea de usar las fuerzas navales de algunos estados que disponen de esos medios y de la voluntad de suministrarlos pudiera contribuir a que el comité encargado del embargo de armas a Sudáfrica pueda realizar una labor más efectiva. Espero que el 17 de agosto recibamos propuestas de este tipo.

Sin embargo, creo que debo llamar la atención de todos los miembros que no beneficia a la inmensa mayoría de la humanidad el admitir que estos enfoques selectivos, a partir de las prioridades de algunos, se impongan como práctica de nuestra Organización.

Pensamos —y es la única cuestión en la que habíamos insistido en estos días de nuestras consultas privadas— que tenemos que actuar cuando se nos anuncia y pregona por todos los medios que algunos marchan hacia la guerra, que se preparan para la guerra; cuando se ofrecen cálculos de las consecuencias de las implicaciones que tendría para sus tropas o para sus medios militares. Pensamos que sería una gran irresponsabilidad de nuestro Consejo que no tomemos en cuenta esa realidad, que no actuemos y que no lo hagamos ahora mismo. Esto no tiene que ver con la aprobación de la Resolución 662 (1990), a la que dimos nuestro voto favorable.

Quisiera agregar que la necesidad de que tomemos en cuenta esta realidad grave y preocupante que ofrece actualmente la región del Oriente Medio es particularmente importante porque, al mismo tiempo, tenemos en el día de hoy un indicio de algo que, ojalá, pudiera abrir una vía de esperanza y solución a este lamentable conflicto entre el Iraq y Kuwait y a esta grave situación reinante en la región. Se trata de la reunión cumbre de los estados árabes, que debe estar a punto de comenzar en El Cairo.[20]

A este respecto, quisiera citar una parte del mensaje que en el día de ayer el presidente Fidel Castro envió a todos los jefes de estado de los países árabes y que tuve el honor de transmitir ayer personalmente al embajador [de Kuwait Mohammed] Abulhasan para que a su vez lo transmitiera a su gobierno. La cita dice lo siguiente:

"Permítame participarle por último, Excelencia, la certeza que me anima de la sabiduría y el coraje de los líderes de la nación árabe y de la vitalidad de sus instituciones.

"Nada ni nadie puede sustituir esa fuerza, esa autoridad y esa moral en la búsqueda inmediata de una solución negociada de un conflicto entre dos pueblos árabes, que implique, por supuesto, la retirada de las tropas iraquíes y el restablecimiento total de la soberanía de Kuwait, sin guerras catastróficas, holocaustos de pueblos e inmensa destrucción material".

Mi delegación desearía expresar su esperanza de que con el esfuerzo mancomunado de todos los estados árabes puedan ellos encontrar una solución justa y rápida para este conflicto y cerrar así las puertas a los imperialistas de ayer y de hoy que pretenden dominar y tratar el Oriente Medio como si fuese su traspatio.

3

*'Deberíamos extender
igual preocupación
humanitaria
para los nacionales
del Iraq y de Kuwait'*

Resolución 664 (1990)

Consejo de Seguridad, 18 de agosto de 1990

La siguiente resolución fue aprobada por voto unánime.

EL CONSEJO DE SEGURIDAD,

RECORDANDO la invasión iraquí y la supuesta anexión de Kuwait, y las resoluciones 660 (1990), 661 (1990) y 662 (1990),

PROFUNDAMENTE PREOCUPADO por la seguridad y el bienestar de los nacionales de terceros estados que se encuentran en el Iraq y Kuwait,

RECORDANDO las obligaciones del Iraq a este respecto con arreglo al derecho internacional,

ACOGIENDO CON BENEPLÁCITO los esfuerzos del secretario general por mantener consultas urgentes con el gobierno del Iraq tras la inquietud y ansiedad expresadas por el Consejo el 17 de agosto de 1990,[21]

ACTUANDO con arreglo al Capítulo 7 de la Carta de las Naciones Unidas:

1. EXIGE que el Iraq permita y facilite la inmediata partida de los nacionales de terceros países que se encuentran en Kuwait y el Iraq y conceda a los funcionarios consulares acceso inmediato y continuo a dichos nacionales;

2. EXIGE además que el Iraq no adopte medida alguna que

ponga en peligro la seguridad o la salud de dichos nacionales;
3. REAFIRMA lo decidido en la Resolución 662 (1990) en el sentido de que la anexión de Kuwait por el Iraq es nula y sin valor y, por consiguiente, exige que el gobierno del Iraq revoque su orden de cerrar las misiones diplomáticas y consulares en Kuwait y de cancelar la inmunidad de su personal, y que se abstenga de tales medidas en el futuro;
4. PIDE al secretario general que presente un informe al Consejo de Seguridad lo antes posible acerca del cumplimiento de esta resolución.

'El Consejo debería exigir que Estados Unidos ponga fin a sus acciones ilegales'

Ricardo Alarcón, 18 de agosto de 1990

La siguiente declaración fue formulada durante la discusión de la Resolución 664 (1990) del Consejo de Seguridad.

La delegación de Cuba se ha sumado a los miembros del Consejo de Seguridad para dar su voto favorable a la Resolución 664 (1990), teniendo en cuenta los criterios expresados por algunos miembros de nuestro Consejo y de nuestra Organización en el sentido de que se trata de una resolución basada exclusivamente en consideraciones humanitarias. Desde luego, mi delegación comparte la preocupación por la suerte que pueda sufrir en un conflicto que le es ajeno cualquier civil inocente.

Creemos que esta preocupación es legítimo expresarla con relación a aquellas personas nacionales de otros países que se encuentran en territorio del Iraq y de Kuwait. Desde luego, también pensamos que si tienen una legítima preocupación humanitaria deberíamos extender igual preocupación para los que son nacionales del Iraq y de Kuwait.

Atendiendo esas consideraciones dimos nuestro voto favorable a esta resolución porque nos preocupa la situación que puedan correr personas inocentes en cualquier conflicto y, además, el que se trate de una forma que no sea adecuada a nacionales de un país o de otro. Compartimos esta preocupación que ha sido expresada —no es nueva— en otros momentos por la humanidad.

No hace mucho se recordaba en este país la situación que fue impuesta a las personas de origen japonés en los Estados Unidos, que fueron internadas en campos de concentración por el solo hecho de tener ese origen nacional y estar los Estados Unidos involucrado en un conflicto bélico con el Japón.[22]

Mucho más cercanamente recordamos cuando diplomáticos extranjeros en la Ciudad de Panamá, no solo se vieron gravemente limitados en las posibilidades de salir de ese país, sino que, por medio de tanques, medios de artillería pesada y gruesas concentraciones militares, se les impedía incluso salir al frente de sus sedes diplomáticas y moverse incluso entre una embajada y otra.

En esto, por cierto, aunque fue particularmente serio en el caso de los diplomáticos de mi país, no podemos quejarnos de discriminación ya que tratamiento semejante fue ofrecido al Nuncio Apostólico y a sus colegas de la Misión del Vaticano en Panamá y de otros países ajenos también a aquel conflicto.[23]

Al votar esta resolución, sin embargo, debemos llamar la

atención sobre algunos elementos de la misma sobre los que debemos expresar ciertas dudas.

En primer lugar, se habla de que se permita y facilite, y cito textualmente del párrafo 1 de la parte dispositiva de la resolución, "la inmediata partida de los nacionales de terceros países que se encuentran en Kuwait y el Iraq". En nuestras consultas oficiosas se ha hablado, y se han dado cifras, sobre los orígenes nacionales de estas personas y los números que ellas incluyen, pero queda sin responder la pregunta que nos hicimos siempre desde el comienzo en el sentido de ¿qué ocurre con los nacionales de Palestina, que en número bastante crecido se encuentran en el territorio de Kuwait?

¿Está invitado el Consejo a que se permita y facilite su regreso a sus hogares, a sus tierras ilegalmente ocupadas, como supongo que conoce este Consejo, desde hace bastantes años? ¿Se prevé algún tipo de acción de nuestro Consejo para que esta aspiración legítima de los palestinos, que es anterior al conflicto que ahora nos ocupa, pueda finalmente realizarse? Quizás haya que esperar un poco para tener respuesta a esta duda que nos asalta, pero que estadísticamente hablando parece bastante importante, según los datos que se nos han facilitado.

La resolución, por un lado, acoge con beneplácito los esfuerzos del secretario general por mantener consultas urgentes con el gobierno del Iraq para expresar "la inquietud y ansiedad" que ayer manifestó este Consejo.

Pero se nos ha invitado con cierta premura a aprobar la resolución que adoptamos hoy, cuando evidentemente el secretario general ha dispuesto de muy escaso tiempo para realizar tales esfuerzos diplomáticos que todos deseamos que realice.

En el párrafo 2 de la parte dispositiva se exige además que "el Iraq no adopte medida alguna que ponga en peligro la seguridad o la salud de dichos nacionales".

Nosotros pensamos que ni el Iraq ni nadie debe adoptar

medida alguna que afecte la seguridad o la salud de dichos nacionales y de cualquier otro nacional que se encuentre en el área. Realmente nos parece que es una visión bastante unilateral del asunto. Reclamar del Iraq que garantice la salud de nacionales y extranjeros en su territorio y que no se recuerde que el principal factor que puede poner en riesgo la capacidad de los nacionales de terceros países o de los nacionales del Iraq y de Kuwait a recibir una alimentación adecuada, o a recibir medicamentos o medicinas, es el hecho de que a ciencia y paciencia de este Consejo una potencia, miembro permanente de este órgano, los Estados Unidos de América, se ha arrogado por sí y ante sí el poder de determinar qué cosa entra o sale del territorio de estos dos países.

Los Estados Unidos no han sido autorizados por nadie para impedir que lleguen alimentos y medicinas al Iraq y, sin embargo, a pesar de que la Resolución 661 (1990), que los Estados Unidos patrocinaron, excluye claramente las medicinas del embargo o de las sanciones aplicadas y reconoce que debe haber consideraciones humanitarias con relación a los alimentos, y a pesar de que en ninguna parte de la Resolución 661 (1990) se dijo que correspondía al gobierno de los Estados Unidos determinar cuándo existían o dejaban de existir razones humanitarias, violando cualquier consideración humanitaria, lo cierto es que se nos ha informado unilateralmente que hasta ahora Washington no ha visto tales requerimientos y por tanto tales productos no pueden pasar a la zona en cuestión.

Si vamos a tener un mínimo de objetividad, este Consejo debería haber exigido al gobierno de los Estados Unidos que pusiera fin de inmediato a las acciones ilegales, no autorizadas por nadie, que está llevando a cabo en la región y que afectan a la seguridad y la salud de los nacionales de diversos países, incluyendo los del Iraq y los de Kuwait.

Por otra parte, han ocurrido distintas cosas en los últimos días que, lamentablemente, no han movido aún a la atención y a la acción de este Consejo. Inicialmente se nos convocó para que considerásemos la imposición de sanciones contra el Iraq, cuando todos sabíamos que ya las sanciones habían sido impuestas por algunos países desarrollados.

El Consejo aprobó la Resolución 661 (1990) e inmediatamente, sin que nadie se lo hubiera pedido, sin que nadie lo hubiera autorizado a ello, el gobierno de los Estados Unidos envió a su flota, su fuerza aérea y sus soldados, y comenzó a poner en ejecución, a garantizar la ejecución de esa resolución. Hacer tal cosa constituye, entre otras, no solo una violación de la Carta sino una violación de la propia Resolución 661 (1990) que, sin embargo, es tan favorecida por el gobierno norteamericano.

Posteriormente, se estableció un bloqueo naval de hecho y hace apenas 48 horas ocurrió algo insólito: los miembros del Consejo conocimos de una comunicación que enviara el embajador [Alexander F.] Watson, al frente en ese momento de la Misión de los Estados Unidos, informando que los Estados Unidos estaban aplicando estas medidas de bloqueo —la comunicación está fechada 16 de agosto de este año— y aduciendo que lo hacían en virtud del Artículo 51 de la Carta de las Naciones Unidas y de la Resolución 661 (1990) del Consejo de Seguridad.

Ya dije que la Resolución 661 (1990) en ninguna parte autorizó a nadie, ni pidió a nadie, sea a los Estados Unidos o a cualquier otro estado, a aplicarla, a ponerla en práctica, con sus medios militares.

El Artículo 51 quizás lo conozca cualquier escolar de primaria de cualquier estado miembro de las Naciones Unidas. Se refiere a un principio muy antiguo de la humanidad: el derecho a la autodefensa. Pero no puede ser más claro. Se reconoce este derecho inmanente de legítima defensa, pero dice, "hasta tanto que el Consejo de Seguridad haya tomado las medidas necesarias para mantener la paz y la seguridad internacionales".

Estamos en presencia ahora de un fenómeno nuevo, de un fenómeno interesante, de un fenómeno que debería hacer que este Consejo adoptase decisiones muy claras. Se está modificando la Carta, se están invirtiendo los términos de la concepción originaria de la Carta con relación a la legítima defensa y se está permitiendo que ésta sea utilizada —desde luego engañosamente— como algo a aplicar unilateralmente por un estado después que el Consejo de Seguridad adoptó las decisiones que consideró pertinentes.

¿Es que Estados Unidos realmente no está de acuerdo con la Resolución 661 (1990) que él promovió? ¿Es que considera que el Consejo no ha tomado las medidas que debía tomar, o es que, al revés de lo que dice el Artículo 51, considera que sí tiene derecho a afectar la autoridad y responsabilidad de este Consejo?

Se ha alegado en otras ocasiones —porque la delegación norteamericana ha usado distintos argumentos— que está ejecutando la Resolución 661 (1990) que, evidentemente, se basa en el Artículo 41 de la Carta, el cual tampoco puede ser más claro, pues se refiere a "medidas que no impliquen el uso de la fuerza armada".[24]

Pensamos realmente que pierde este Consejo en credibilidad, en autoridad moral, cuando se refiere a algunos aspectos particulares del complejo y grave conflicto que nos ocupa, según la decisión que pueda adoptar algún miembro permanente, que puede decidir cuándo convocarnos y para qué convocarnos, para qué parte del conflicto examinar y, por supuesto, para tomar una decisión urgente a ese respecto.

Sin embargo, el mismo Consejo hasta ahora no ha podido actuar en presencia de una situación, que no puede ser más clara, en la cual uno de sus miembros está utilizando las resoluciones del propio Consejo en la forma en que lo estima más conveniente para sus intereses.

Tengo ante mí el texto de una importante declaración, de un mensaje que un eminente dirigente árabe dirigió hace unos días a su pueblo. Me refiero al presidente Ben Ali de la República de Túnez. Voy a leer una parte de este mensaje que el presidente Ben Ali transmitió a su pueblo:

"Esta situación nos conduce a interrogarnos con amargura sobre el fundamento de invocación del pretexto de la legalidad internacional para enviar fuerzas extranjeras sobre el suelo árabe. Nosotros hemos puesto a prueba esta legalidad a través del asunto palestino, devenido crónico: la ocupación de los territorios árabes, la invasión al Líbano y la represión de la *intifada,* a despecho de múltiples resoluciones de las Naciones Unidas y los votos sucesivos contra aquellas que reclaman sus derechos legítimos.

"El desarrollo de los sucesos ha demostrado que la legalidad y los principios que la sostenían no son suficiente ante los intereses vitales de las grandes potencias y que esta legalidad cambia en función de esos intereses y en función de las relaciones con la parte a condenar".

Al manifestar nuestra concurrencia con estas expresiones del presidente de la República de Túnez, queremos una vez más llamar la atención de este Consejo sobre la necesidad de que adopte medidas que permitan realmente resolver pacíficamente este conflicto, y que, por lo menos, se cuide de que sus resoluciones y sus decisiones sean aplicadas en la forma en que el Consejo haya decidido.

Mi delegación dio su voto favorable a esta resolución por las consideraciones humanitarias que creemos legítimas —y algunos de nuestros colegas nos explicaron las preocupaciones que tenían con relación a sus propios nacionales en esta región— y porque además pensamos que ella pudiera, si se respeta la autoridad del Consejo, ayudar y contribuir a que este elemento no fuera utilizado como una nueva excusa, no para buscar la paz, sino para seguir avanzando en el camino de la guerra y de la intervención militar.

El representante de los Estados Unidos concluyó su declaración de hace algunos momentos diciendo algo que puede ser muy normal y a la vez puede ser una terrible amenaza. Dijo que los Estados Unidos no solo aprobaban esta resolución, sino que buscarían su plena aplicación. No estoy citando textualmente; esta vez no repartieron el discurso.

Ya antes, alegando que buscaban la plena aplicación de las sanciones enviaron la flota, desplegaron grandes unidades de guerra que siguen aumentando en la zona. Ahora, ¿van también a aplicar esta resolución usando la fuerza? ¿Van a escudarse en esta resolución para tomar medidas unilaterales o se va a encuadrar la acción norteamericana estrictamente dentro de los parámetros de esta resolución aprobada por todos? Esperemos los hechos.

'No se puede aceptar que un miembro permanente manipule las decisiones del Consejo'

Ricardo Alarcón, 18 de agosto de 1990

La siguiente declaración fue dada en respuesta a Thomas Pickering, representante permanente de Estados Unidos ante Naciones Unidas.

No quiero, a estas alturas, embarcarme en una discusión legal, ni mucho menos, pero sigue en pie la misma preocupación. Si el Artículo 51 de la Carta puede ser interpretado para que se tomen acciones no acordadas por el Consejo de Seguridad, según la decisión de cualquier estado miembro que incluye la del uso de la fuerza armada, y si la Resolución 661 (1990) se puede interpretar que permite a los Estados Unidos usar sus medios militares para algo a lo que nadie le ha autorizado, creo que tenemos razón para expresar nuestra profunda preocupación de que esta nueva resolución, cuando los Estados Unidos traten de promover su "plena" aplicación, pueda también aplicarse con navíos de guerra, bombarderos, acciones militares agresivas.

Creo que lo más importante de la resolución y del artículo que él citó es que ambos afirman la autoridad de este Consejo para manejar la crisis. Por un lado nos encontramos con una delegación que viene aquí con frecuencia, que nos invita a tomar decisiones para que este Consejo actúe y que después nos sigue afirmando que ella actúa como a ella le corresponde, independientemente de cuál haya sido la decisión que haya tomado el Consejo.

Se acata al Consejo o no se cree en el Consejo, pero lo que no se puede aceptar es que un miembro permanente utilice y manipule las decisiones del Consejo, según sus intereses.

El único privilegio que le reconocemos a los miembros permanentes es aquel que, desgraciadamente, existe en la Carta: el derecho al veto. Pero —por favor— creo que sería muy grave para todos los miembros de esta Organización si se tolerara que, además, se puedan permitir hacer con esta Carta y con las decisiones de este Consejo lo que les venga en gana.

4

*'Una grave transgresión
de la Carta de la ONU
convalida las acciones ilegales
de la flota norteamericana'*

Resolución 665 (1990)

Consejo de Seguridad, 25 de agosto de 1990

La siguiente resolución fue aprobada con un voto de 13-0-2; Cuba y Yemen emitieron los votos de abstención.

EL CONSEJO DE SEGURIDAD,

RECORDANDO sus resoluciones 660 (1990), 661 (1990), 662 (1990) y 664 (1990) y exigiendo su aplicación cabal e inmediata,

HABIENDO DECIDIDO en la Resolución 661 (1990) imponer sanciones económicas en virtud del Capítulo 7 de la Carta de las Naciones Unidas,

DECIDIDO a poner fin a la ocupación de Kuwait por el Iraq, que compromete la existencia de un estado miembro, y a restablecer la autoridad legítima, la soberanía, la independencia y la integridad territorial de Kuwait, lo que exige la pronta aplicación de las resoluciones mencionadas,

LAMENTANDO la pérdida de vidas inocentes causadas por la invasión de Kuwait por el Iraq y decidido a evitar más pérdidas,

GRAVEMENTE ALARMADO por el hecho de que el Iraq sigue negándose a cumplir con las resoluciones 660 (1990), 661 (1990), 662 (1990) y 664 (1990), y en particular por la conducta del gobierno del Iraq al utilizar buques de bandera iraquí para exportar petróleo:

1. INSTA a los estados miembros que cooperan con el gobierno de Kuwait que están desplegando fuerzas marítimas en la región a que utilicen las medidas proporcionadas a las circunstancias concretas que sean necesarias bajo la autoridad del Consejo de Seguridad para detener a todo el transporte marítimo que entre y salga a fin de inspeccionar y verificar sus cargamentos y destinos y asegurar la aplicación estricta de las disposiciones relativas al transporte marítimo establecidas en la Resolución 661 (1990);
2. INVITA a los estados miembros en consecuencia a que cooperen, según sea necesario, para asegurar el cumplimiento de las disposiciones de la Resolución 661 (1990), recurriendo al máximo a medidas políticas y diplomáticas, con arreglo al párrafo 1 *supra;*
3. PIDE a todos los estados que presten con arreglo a la Carta la asistencia que requieran los estados mencionados en el párrafo 1 de esta resolución;
4. PIDE ADEMÁS a los estados interesados que coordinen su acción en cumplimiento de los párrafos de esta resolución que anteceden utilizando según corresponda el mecanismo del Comité de Estado Mayor[25] y, luego de consultas con el secretario general, presenten informes al Consejo de Seguridad y a su comité establecido en virtud de la Resolución 661 (1990) para facilitar la vigilancia de la aplicación de esta resolución;
5. DECIDE continuar ocupándose activamente de esta cuestión.

'Una bendición para la fuerza que unilateralmente está desplegada en la zona'

Ricardo Alarcón, 25 de agosto de 1990

La siguiente declaración fue hecha durante la discusión de la Resolución 665 (1990) del Consejo de Seguridad.

Mi delegación dio su voto favorable a la Resolución 660 (1990), expresando de ese modo su respaldo a la soberanía, independencia nacional e integridad territorial de Kuwait y demandando el retiro inmediato de todas las tropas iraquíes que ocupan el territorio de ese estado.

Votó igualmente en favor de la Resolución 662 (1990), y de ese modo rechazó la pretensión de anexar a Kuwait. Igualmente, dio su voto favorable a la Resolución 664 (1990), expresando de ese modo nuestro rechazo a la situación creada con respecto a los extranjeros en Kuwait y en el Iraq y también a la situación existente respecto de las misiones diplomáticas en Kuwait. Aunque nos abstuvimos de votar la Resolución 661 (1990), mi gobierno ha tomado las disposiciones pertinentes para asegurar que nuestro país también le dé cumplimiento.

Ahora se nos presenta un nuevo proyecto de resolución que nos plantea numerosas interrogantes y que nos obliga a plantear frente a él diversas objeciones. Sin dejar de reconocer, como acaba de hacerlo nuestro colega del Yemen, los esfuerzos que en cierta medida pudieron lograrse con los patrocinadores originales de esta resolución y que han permitido que, al menos, algunas formulaciones resulten menos ambiguas y contradictorias con la Carta, debo decir que el texto, como está, nos resulta inaceptable.

Ante todo, resulta evidente que este Consejo es invitado ahora a percatarse de algo que ha estado ocurriendo desde hace algunos días. El Consejo de Seguridad aún no ha determinado la necesidad de recurrir al empleo de fuerzas militares para aplicar ninguna de sus resoluciones, pero estas fuerzas ya están desplegadas. El Consejo de Seguridad todavía no ha determinado que las medidas que él decidió adoptar anteriormente han resultado inadecuadas. Ni siquiera este Consejo ha podido —ni podrá, aparentemente— esperar a que el secretario general le rinda el primer informe respecto de la aplicación de la Resolución 661 (1990) que, por el acuerdo de los miembros de este Consejo, debería producirse hacia el 6 de septiembre.

Aparte de esa premura por pasar a utilizar la fuerza o, más bien, por permitir que la fuerza que unilateralmente está desplegada en la zona siga haciendo lo que estaba haciendo, ahora con la bendición del Consejo de Seguridad, se va a confirmar que existe una situación de hecho en la zona que no fue autorizada por él, que no fue decidida por este órgano, que no tiene nada que ver con el uso de la fuerza conforme a la Carta de la Organización.

Además del hecho de que el Consejo de Seguridad no se hubiese pronunciado antes, como debía haberlo hecho, llamando a poner fin a esa situación que amenaza con agravar aún más el serio conflicto que nos ocupa desde hace algún tiempo, ahora somos invitados a cohonestar o convalidar una acción que no puede ser justificada conforme al derecho. Es por ello, quizás, que ha tenido que recurrirse a una redacción sinuosa, extraña, que no tiene nada que ver con los conceptos de nuestra Carta y que específicamente constituye, a juicio de nuestra delegación, una transgresión clara a sus artículos 41; 42; 43, párrafo 1; 46; 47, párrafo 1 y 48, párrafo 1.[26] Quedan pocos párrafos en el Capítulo 7 por ignorar si este Consejo aprueba el proyecto de resolución que tiene ante sí.

Se habla de utilizar fuerzas, pero no se sabe quiénes las componen; se sabe, si se leen los diarios, pero no se sabe si se lee la resolución que el Consejo va a tomar. No se sabe cuándo el Consejo decidió que determinados países formasen parte de esa fuerza. No se sabe tampoco quién las dirige, aunque más o menos todos sospechamos que se trata de un alto oficial de las fuerzas norteamericanas, a quien se identifica todos los días como el jefe de las operaciones en la región, pero no ha sido designado por este Consejo que, sin embargo, si el Capítulo 7 de la Carta sigue aún vigente, debe asumir el comando de las fuerzas que el Consejo decida emplear.

Se supone que actuarán en la región según los términos del párrafo 1 de la parte dispositiva; pero van a actuar para detener a todo el transporte marítimo que entre y salga. No se dice de dónde o hacia dónde, pero se puede suponer que sea que entre y salga de la región si así lo decide el jefe de la fuerza, con lo cual la región puede extenderse por todo el planeta; no se dice claramente contra quién actuarán, aunque debe suponerse que contra cualquiera, puesto que su función va a ser detener "todo el transporte marítimo que entre y salga".

No se precisa en el texto ante quién serán responsables estas fuerzas. Está claro que lo serán ante sus jefes militares inmediatos, pero este Consejo asume ahora una responsabilidad ambigua porque el mismo párrafo 1 de la parte dispositiva del proyecto de resolución dice, no sé por qué, "bajo la autoridad del Consejo de Seguridad".

Si el Consejo de Seguridad realmente actúa con seriedad —y quienes presencien sus labores deberían suponer, por lo menos, que actuamos con seriedad cuando se trata de usar la fuerza militar— cualquiera sospecharía que el Consejo haría uso de aquellos artículos del Capítulo 7 que claramente determinan cómo esta responsabilidad o esta autoridad se ejercen.

Por ejemplo, el Artículo 46, que suponemos todavía vigente, puesto que la Carta no ha sido modificada en el curso de esta madrugada, dice así:

"Los planes para el empleo de la fuerza armada serán hechos por el Consejo de Seguridad con la ayuda del Comité de Estado Mayor".

Este Comité de Estado Mayor parece que va a tener nacimiento esta noche, puesto que se le hace referencia —no recuerdo en qué otra ocasión así ha ocurrido— en el texto del párrafo 4 de la parte dispositiva del proyecto que probablemente se apruebe. Que yo sepa no se ha reunido tampoco para elaborar ningún proyecto de plan y este Consejo, ciertamente, no ha sido convocado ni formal ni informalmente para examinar ningún plan para el empleo de ninguna fuerza en ninguna parte del mundo.

El artículo siguiente —Artículo 47—, cuando habla de las funciones de este comité dice que, entre otras, está la de auxiliar a este Consejo para el "empleo y comando de las fuerzas puestas a su disposición".

El Artículo 43, que todavía sospechamos sigue vigente, dice que:

"Todos los miembros de las Naciones Unidas, con el fin de contribuir al mantenimiento de la paz y la seguridad internacionales, se comprometen a poner a disposición del Consejo de Seguridad, cuando éste lo solicite...".

Y sigue un párrafo bastante largo que habla de convenios especiales que habría que suscribir para poner a disposición del Consejo las fuerzas armadas que éste solicite. Luego cualquiera pudiera imaginar que los pasos que debería dar el Consejo, si el Consejo entendiera que no habían sido suficientes las medidas hasta ahora adoptadas conforme al Artículo 41, que excluyen todavía —hasta hoy— el empleo de la fuerza armada. Serían los de actuar conforme al Artículo 42, sin olvidar los que le siguen, y tomar la decisión, primero, de determinar si han sido adecuadas las medidas respecto a cuyo cumplimiento nos informará el secretario general dentro de dos semanas. Después de haber hecho eso, deberíamos decidir entonces si proceder a tomar medidas adicionales en las que ya se pudiera incluir el empleo de fuerzas militares. El Consejo solicitaría entonces a algunos estados que pusieran a disposición del Consejo algunas de estas fuerzas. El Consejo haría los planes para el despliegue y actividades de estas fuerzas y asumiría el mando de las mismas.

Por muchas veces que se lea el proyecto de resolución que será sometido a votación pronto, no es posible encontrar ninguno de estos criterios en ninguno de los párrafos que lo integran. Sin embargo, el Consejo de Seguridad, al aprobar este proyecto de resolución —como me imagino que va a hacerlo— estaría de hecho permitiendo que, por medio de una resolución suya, una situación ilegítima se perpetúe y que asuma ahora, aparentemente, una cierta legalidad por el hecho de que la acompañemos de esta nueva resolución, que creo será la 665 (1990).

Nos engañamos todos si pensamos que con ponerle un número a un conjunto de acciones unilaterales, éstas pierden su carácter violatorio de la Carta y de los principios fundamentales de esta organización. Nos equivocaríamos si, porque se agregase la insignia de las Naciones Unidas a algunos de los barcos que se encuentren en la región estaríamos por ello respetando el Capítulo 7 de la Carta. Pero, además, estaríamos quizás —y sería lo más lamentable— agregando a un conflicto ya de sumo grave y ya de por sí mismo motivo de preocupación y de alarma para la comunidad internacional, un motivo de alarma adicional: el de ver a este Consejo actuando de un modo que lo aparta abiertamente de sus obligaciones fundamentales.

Hay otras interrogantes todavía más difíciles de responder, o de imaginar la posible respuesta. Se habla de algunas de las fuerzas que están desplegadas y se hace referencia específicamente de las marítimas. Todo el mundo sabe que también hay numerosas fuerzas terrestres y aéreas que están actuando dentro de un plan que nadie conoce alrededor de esta mesa salvo, quizás, nuestro colega de los Estados Unidos; y que obedecen a un comando cuya integración —quizás salvo él mismo— nadie conoce tampoco, y que integra fuerzas navales, aéreas y terrestres.

Estas fuerzas pudieran estar realizando tareas concurrentes con la que la resolución invitaría a realizar ahora o pudieran verse involucradas en más conflictos en la región.

Eso ya anticipa desde ahora que el Consejo de Seguridad también se está comprometiendo con cohonestar cualquier otra acción u otra actividad bélica que se desarrolle a partir de las decisiones del comandante de nuestras fuerzas, que aquí nadie conoce ni designó.

¿Es realmente ese el modo en que el Consejo de Seguridad debe actuar cuando se trata de cuestiones de la importancia que reviste, nada más y nada menos, permitir el uso de la fuerza armada para supuestamente garantizar la ejecución de decisiones tomadas por este órgano?

Por largas que hayan sido nuestras horas de consultas y de explicaciones, francamente estamos muy lejos de convencernos de que tal sea el enfoque adecuado para este órgano ni para esta Organización.

Quisiera agregar finalmente que mi delegación sigue pensando que ninguna acción o decisión que haya adoptado o adopte este Consejo le da autoridad política, legal o moral alguna, ni al Consejo ni a nadie, para emprender cualquier tipo de acción que tenga en sí mismo un carácter inhumano.

Y por ello nos referimos a cualquier acción tendiente a privar a millones de civiles inocentes, incluyendo niños, mujeres y ancianos, de alimentos, medicinas o asistencia médica. Mi delegación mantiene firmemente esta interpretación de la legalidad y, además, de la moralidad internacional, y ninguna argucia, ninguna argumentación de cualquier carácter, podrá apartarla de esa convicción.

Por las razones antes expuestas, mi delegación, por supuesto, no votará a favor del proyecto de resolución.

'Cuba rehusa convalidar las acciones piratescas de la flota norteamericana'

Editorial de 'Granma', 27 de agosto de 1990

El siguiente editorial fue publicado en el número del 27 de agosto de 1990 de Granma, órgano del Partido Comunista de Cuba.

Después de una semana de negociaciones, los Estados Unidos lograron el sábado [25 de agosto] que el Consejo de Seguridad adoptara una resolución (la 665) que, por primera vez en la historia de la ONU, autoriza el uso de la fuerza para hacer aplicar un embargo decretado en este caso contra Iraq.

El proyecto, copatrocinado, entre otros por Estados Unidos, Reino Unido y Francia, recibió el voto afirmativo de 13 países miembros del Consejo, entre ellos los cinco permanentes (China, Estados Unidos, Francia, Reino Unido y la Unión Soviética), mientras que Cuba y Yemen se abstuvieron.

En el curso de las negociaciones sostenidas por el representante norteamericano con los demás integrantes del Consejo de Seguridad, el texto original, distribuido el lunes 20, sufrió diversas modificaciones que lo matizan pero no alteran su esencia. Sobre todo, se mantienen párrafos que constituyen una grave transgresión e inaceptable reinterpretación de la

Carta de la ONU y convalidan las acciones unilaterales e ilegales que venía realizando la flota norteamericana en el Golfo, abriendo la puerta a acciones ulteriores que podrían generar un conflicto armado de consecuencias peligrosas e impredecibles.

Al analizar el asunto hay que tener muy en cuenta que la Resolución 661 del Consejo de Seguridad, del pasado día 6 [de agosto], que estableció el embargo contra Iraq, se basa en el Capítulo 7 de la Carta y, específicamente, en su Artículo 41, que comprende medidas (sanciones) "que no impliquen el uso de la fuerza". Dicha resolución estableció la creación de un comité presidido por Finlandia para verificar su cumplimiento y pide al secretario general de la ONU que informe al Consejo sobre este aspecto "dentro de los próximos 30 días".

Sin embargo hasta la fecha, ni el comité ni el secretario

Fuerzas norteamericanas atacando un pueblo durante la guerra de Corea de 1950–53. Tropas norteamericanas, más otras fuerzas aliadas, libraron la guerra de Corea bajo la bandera de Naciones Unidas; el saldo fue de dos millones de muertos.

general han informado que esas medidas sean inadecuadas o que se incumple el embargo.

Por otro lado, el documento aprobado este sábado [25 de agosto] por el Consejo de Seguridad establece de facto, sin mencionarlo, un bloqueo naval a Iraq, medida que solo puede adoptarse en base al Artículo 42 de la Carta (que autoriza el uso de la fuerza) y que, al no basarse en éste, resta validez a la decisión del Consejo y resulta violatorio de la propia Carta.

¿En qué consiste la transgresión? En que se ha decidido aplicar medidas que implican el uso de la fuerza sin haberse comprobado que las aplicadas a tenor de la Resolución 661 son inadecuadas o hayan demostrado serlo. Esto se hace, no invocando el Artículo 42 de la Carta, como era jurídicamente necesario, sino como si las nuevas medidas no fueran más allá del Artículo 41, que solo incluye acciones *que no impliquen el uso de la fuerza*.

Esta transgresión constituye, a la vez, una reinterpretación dolosa, y no conforme a derecho, de la Carta de la ONU, porque introduce disposiciones graves de peligrosas consecuencias, al amparo de decisiones cuyo alcance se detiene, precisamente, antes del uso de la fuerza.

Es también preocupante el hecho de que el Consejo haya decidido dejar en manos de un grupo de estados no identificados (la resolución se refiere vagamente a "los estados miembros que cooperan con el gobierno de Kuwait que están desplegando fuerzas marítimas en la región") la potestad de utilizar "medidas proporcionadas a las circunstancias concretas que sean necesarias, bajo la autoridad del Consejo de Seguridad, para detener a todo el transporte marítimo que entre y salga".

Realmente resulta inaudito en un órgano que en los 45 años transcurridos desde la fundación de la ONU no ha autorizado jamás el uso de la fuerza, lo haga ahora de manera tan irresponsable,[27] sin determinar siquiera qué estados son los que aplican, en qué grado pueden hacerlo, ni quién decide cuáles son las medidas de fuerza "proporcionadas a las circunstancias que sean necesarias".

Tal es el contexto en el cual Cuba rehusó apoyar —a pesar de la conducta inadmisible de Iraq al invadir y ocupar a Kuwait y negarse a cumplir las mencionadas resoluciones del Consejo de Seguridad— semejante transgresión y reinterpretación de la Carta de la ONU, ni convalidar, con su voto, las acciones piratescas que viene realizando la flota norteamericana en el Golfo Arábigo-Pérsico.

Cuba, por otro lado, es del criterio de que el secretario general de la ONU, el Consejo de Seguridad, los dirigentes de la Liga Árabe y del Movimiento de Países No Alineados, pueden desarrollar acciones en favor de una solución política que evite un conflicto de mayores proporciones y logre los objetivos de la ONU.

La Resolución 665, aprobada el sábado, al decretar un virtual bloqueo naval de Iraq —que no justifica la actual situación— y dejar, de hecho, en manos de los oficiales de la marina de guerra yanqui la decisión de usar o no la fuerza y en qué medida, es no solo objetable desde un punto de vista jurídico, sino representa una escalada militar que no puede más que incrementar la tensión y dificultar la solución política a que aspiramos y por la cual debe trabajar la comunidad internacional.

5

*'El acceso a alimentos básicos
y a una asistencia médica
adecuada
es un derecho humano
fundamental'*

Proyecto de resolución presentado por Cuba

12 de septiembre de 1990

La siguiente resolución fue rechazada por un voto de 5 en contra (Inglaterra, Canadá, Finlandia, Francia y Estados Unidos), 3 a favor (China, Cuba y Yemen) y 7 abstenciones (Colombia, Etiopía, Costa de Marfil, Malaysia, Rumania, Unión Soviética y Zaire).

EL CONSEJO DE SEGURIDAD,

REAFIRMANDO su fe en los derechos humanos fundamentales, en la dignidad y el valor de la persona humana y en la igualdad de derechos de hombres y mujeres y de las naciones grandes y pequeñas,

RECORDANDO sus resoluciones 660 (1990), 661 (1990), 662 (1990), 664 (1990) y 665 (1990),

RECORDANDO ADEMÁS, el inciso (c) del párrafo 3 y el párrafo 4 de la Resolución 661 (1990), y profundamente preocupado por la seguridad y el bienestar de la población civil y de los residentes extranjeros del Iraq y Kuwait:

1. DECLARA que el acceso a alimentos básicos y a una asistencia médica suficiente es un derecho humano fundamental que debe protegerse en cualesquiera circunstancias;
2. DECIDE que, de conformidad con el principio antes indicado,

en ninguna circunstancia deberán tomarse medidas, ni siquiera a raíz de la aplicación de decisiones del Consejo de Seguridad como las resoluciones 661 (1990) y 665 (1990), que entorpezcan el acceso de la población civil y de los residentes extranjeros del Iraq y Kuwait a alimentos básicos, suministros médicos y asistencia médica;
3. PIDE al secretario general que mantenga al Consejo informado permanentemente de la aplicación de la presente resolución.

Resolución 666 (1990)

Consejo de Seguridad, 13 de septiembre de 1990

La siguiente resolución fue aprobada por un voto de 13-2-0; Cuba y Yemen emitieron los votos en contra.

EL CONSEJO DE SEGURIDAD,

RECORDANDO su Resolución 661 (1990), en la cual el inciso (c) del párrafo 3 y el párrafo 4 se aplican al suministro de alimentos, con la salvedad de las circunstancias humanitarias,

RECONOCIENDO que pueden presentarse circunstancias en que sea necesario proporcionar alimentos a la población civil en el Iraq o en Kuwait con el fin de mitigar los sufrimientos humanos,

OBSERVANDO que, a ese respecto, el comité establecido con arreglo al párrafo 6 de esa resolución ha recibido comunicaciones de varios estados miembros,

HACIENDO HINCAPIÉ en que es de la incumbencia del Consejo de Seguridad, directamente o actuando por conducto del comité, determinar la existencia de circunstancias humanitarias,

PROFUNDAMENTE PREOCUPADO por que el Iraq no ha acatado sus obligaciones en relación con la Resolución 664 (1990) del Consejo de Seguridad respecto de la seguridad y el bienestar de los nacionales de terceros estados y reiterando que el Iraq sigue teniendo la responsabilidad plena a ese respecto con arreglo al derecho humanitario internacional, incluido, cuando proceda, el Cuarto Convenio de Ginebra,[28]

ACTUANDO de conformidad con el Capítulo 7 de la Carta de las Naciones Unidas:

1. DECIDE que, a fin de determinar la existencia de circunstancias humanitarias, de conformidad con el inciso (c) del párrafo 3 y el párrafo 4 de la Resolución 661 (1990), el comité mantenga bajo examen constante la situación relativa a los alimentos en el Iraq y Kuwait;

2. ESPERA que el Iraq acate sus obligaciones en virtud de la Resolución 664 (1990) del Consejo de Seguridad respecto de los nacionales de terceros estados y reitera que el Iraq sigue teniendo la responsabilidad plena de su bienestar y seguridad con arreglo al derecho humanitario internacional incluido, cuando proceda, el Cuarto Convenio de Ginebra;

3. PIDE que, a los fines de los párrafos 1 y 2 de la presente resolución, el secretario general solicite con urgencia y sobre una base continua, información a los organismos pertinentes de las Naciones Unidas, los organismos humanitarios competentes y otras fuentes sobre la disponibilidad de alimentos en el Iraq y Kuwait y que comunique periódicamente dicha información al comité;

4. PIDE ASIMISMO que en la búsqueda y el suministro de esa

información se preste atención especial a la determinación de los grupos de personas que podrían estar en peor situación, por ejemplo, los niños menores de 15 años, las mujeres embarazadas, las madres, los enfermos y los ancianos;

5. DECIDE que si, después de recibir la información el secretario general, el comité considera que existen circunstancias en las que hay una necesidad urgente de suministrar alimentos al Iraq o a Kuwait con el fin de mitigar sufrimientos humanos, deberá informar de inmediato al Consejo acerca de su decisión sobre el modo en que se deberá satisfacer esa necesidad;

6. SEÑALA que el comité, en la formulación de sus decisiones, deberá tener en cuenta que los alimentos se han de proporcionar por conducto de las Naciones Unidas, en cooperación con el Comité Internacional de la Cruz Roja u otros organismos humanitarios competentes, que también los distribuirán o supervisarán su distribución con el fin de garantizar que esos alimentos lleguen a los beneficiarios a los que están destinados;

7. PIDE al secretario general que utilice sus buenos oficios para facilitar el suministro y la distribución de alimentos a Kuwait y al Iraq de conformidad con las disposiciones de ésta y otras resoluciones pertinentes;

8. RECUERDA que la Resolución 661 (1990) no se aplica en los casos de suministros destinados estrictamente a fines médicos y a ese respecto recomienda que los suministros médicos se exporten bajo la supervisión estricta del gobierno del estado exportador o de organismos humanitarios competentes.

'Medidas inhumanas que tienen efectos solo y exclusivamente sobre personas civiles inocentes'

Ricardo Alarcón, 13 de septiembre de 1990

La siguiente declaración fue formulada durante la discusión de la Resolución 666 (1990) del Consejo de Seguridad.

Señor presidente, ante todo, quiero felicitarlo por haber asumido la presidencia del Consejo de Seguridad durante este mes de septiembre,[29] y extender también nuestra felicitación al representante permanente de Rumania por el modo como supo conducir los complejos trabajos que el Consejo debió afrontar durante el pasado mes. Igualmente, queremos dar la bienvenida al nuevo representante del Reino Unido que se ha incorporado a los trabajos de nuestro Consejo.

Señor presidente, es motivo de complacencia para nuestra delegación verlo a usted presidir este Consejo, no solo por las cualidades diplomáticas profesionales que sabemos que usted posee y que seguramente contribuirán a nuestra labor, sino porque, además, representa usted a un país —la Unión de Repúblicas Socialistas Soviéticas— unido al mío por profundos lazos de fraternidad y amistad. El pueblo cubano guardará eterna gratitud al pueblo soviético, a su gobierno y a su partido por la colaboración que supieron brindarle desde los primeros momentos en que mi país tuvo que enfrentar un feroz y tenaz bloqueo económico, comercial y financiero, vigente desde hace casi 30 años, y que incluye por cierto, entre otras cosas, la total negación de la posibilidad de acceder al mercado de alimentos, medicinas o suministros médicos del país que le impone ese ilegal bloqueo.

Por lo tanto, conocemos bastante el tema que encara en esta ocasión el Consejo de Seguridad y por ello tenemos distintos motivos para no poder estar de acuerdo con el proyecto de resolución [666] que nos ha sido presentado en el documento S/21747. Para Cuba es totalmente inadmisible la idea misma de que se pueda pretender utilizar el hambre al privar al pueblo de lo que es un derecho absolutamente fundamental de cada persona humana en cualquier parte del mundo y bajo cualquier circunstancia, es decir, de su derecho a alimentarse adecuadamente y de su derecho a tener una atención médica adecuada.

No creemos que nadie tenga ni la autoridad política ni jurídica ni moral para aplicar ninguna medida de carácter inhumano como serían aquellas que tienen efectos solo y exclusivamente sobre personas civiles inocentes, como es el caso que nos ocupa.

Debemos recordar además que esta resolución viene ante nosotros dentro de un contexto determinado. Tiene su propia historia.

El Consejo de Seguridad supo ser rápido, supo actuar con singular energía a la hora de adoptar sanciones abarcadoras, sanciones tan completas como nunca antes ni siquiera había considerado, contra el Iraq y Kuwait. Actuó con igual premura para adoptar una resolución cuya legalidad es, por decir lo menos, enteramente cuestionable o, por ser más exactos, enteramente violatoria de la Carta de nuestra Organización para permitir, con la Resolución 665 (1990), que se continuase ejerciendo o desplegando la fuerza militar en la región del Golfo para pretender imponer, incluso por la fuerza, aquellas sanciones totales, aplicadas contra el Iraq y contra Kuwait.

Pero aquella Resolución 661 (1990) al menos contenía referencias a la posibilidad de suministrar alimentos en circunstancias humanitarias y desde el día de su adopción, prácticamente, o, para ser más preciso, desde el día en que se constituyó el comité encargado de velar por la aplicación de las sanciones,[30] le hemos dedicado incontables horas a tratar de definir cuál podía ser el criterio que el Consejo tuviese para interpretar tales cláusulas de la Resolución 661 (1990).

Mientras ello ocurría, el Consejo recibía informaciones por una u otra vía acerca de las consecuencias que estaban pagando miles y miles de personas inocentes. Ante todo, ciudadanos de Kuwait, país víctima de una situación que hemos condenado y rechazado y por cuya inmediata solución seguimos clamando, castigado adicionalmente por el Consejo de Seguridad y ahora mucho más con estas nuevas medidas; pero también el pueblo del Iraq y los nacionales de muchos otros estados que se encuentran bien sea en el territorio del Iraq o en el territorio de Kuwait.

Conocen los miembros del Consejo, por informaciones de la prensa —repetidas, reiteradas, cada día más alarmantes— la situación que enfrentan las poblaciones de esos lugares. Pero, por si no nos hubiéramos enterado por los medios masivos de información, el Consejo también recibió más de una solicitud formal y oficial para que adoptase con urgencia algunas medidas que permitieran que estas personas no llegaran a morir por falta de alimentos. Conocemos las cartas de los embajadores de la India, Sri Lanka, Filipinas y de otros países.

Y le han pedido al órgano que decidió —sin que nadie lo obligara— aprobar la Resolución 661 (1990), que adoptase algunas medidas para, con sentido humanitario, enfrentar la situación que esas personas inocentes están encarando. El Consejo de Seguridad no solo no ha estado en condiciones de responder a esos reclamos, sino que ahora es invitado a adoptar una resolución que, en rigor, haría más difícil, más lejana, la posibilidad siquiera de tener la ilusión de que vayamos a darle algún contenido real a nuestras supuestas afirmaciones humanitaristas.

El proyecto de resolución que se nos presenta no explica qué va a ocurrir con los 100 mil nacionales de Sri Lanka atrapados en el territorio kuwaití y a los que nadie ha sugerido siquiera en qué forma podrán llegar a adquirir alimentos. El Consejo de Seguridad establecería un mecanismo, ahora no veloz, ahora no urgente, ahora no motivado por esa ansia de vértigo y de velocidad que nos trajo tantas noches a esta sala en agosto, sino con ejemplar paciencia, con una singular calma a la hora de afrontar los sufrimientos humanos.

Primero, le encargaríamos al secretario general que busque con urgencia información sobre la situación respecto a la disponibilidad de alimentos en el Iraq y Kuwait; al mismo secretario general que informó a los miembros de este Consejo, como todos sabemos, de las dificultades que enfrenta la Organización allí en el terreno, del hecho de que prácticamente no cuenta con una representación capaz de afrontar ciertas responsabilidades, y mucho menos las que se derivarían de este texto.

A partir de esa información el comité procedería a analizar esos datos con el objeto de determinar si se dan —o no se dan— las circunstancias que indiquen una necesidad urgente de suministrar alimentos al Iraq o a Kuwait, y como resultado no produciría alimentos sino una información que, supongo, regresaría al Consejo. Pero en parte alguna de este texto aparece, siquiera sugerido, qué sería lo que haría este Consejo para buscar los medios de suministrar alimentos a esas personas, los nacionales de terceros países; pero por favor, no lo olvidemos, también los de Kuwait, cuya mención específica no aparece en el texto que somos invitados a aprobar, aunque sí estaban claramente cubiertos por el que hace algunos minutos este Consejo prefirió desaprobar, y también, repito, los ciudadanos del Iraq.

Pudiéramos imaginar que realmente a partir de ahora el Consejo va a retomar los aires de agosto y volver a trabajar con esa precipitada urgencia para encarar estos gravísimos problemas que enfrentan tantas personas inocentes. Francamente, no encuentro motivos especiales para sentirme entusiasmado en ese sentido, porque este mismo Consejo también ha recibido una serie de solicitudes, también urgentes, al amparo del Artículo 50 de la Carta,[31] para que adoptemos algunas decisiones que ayuden a mitigar los graves problemas que están enfrentando otros países, más allá de los que hemos mencionado varias veces.

La lista, hasta ahora, comprende a diez estados miembros de esta Organización, encabezados por Jordania. Se acerca el momento en que posiblemente nos imponga una marca contrastante con la velocidad con que actuábamos en agosto.

Pronto hará un mes que el representante permanente de Jordania [Abdullah Salah], en una documentada comunicación, hizo saber a este Consejo las gravísimas consecuencias económicas y sociales que para su país entraña la aplicación de las sanciones establecidas por la Resolución 661 (1990). En el supuesto caso de que el Consejo pudiera finalmente llegar a aprobar aunque fuera una resolución sobre Jordania —algo que todavía no está muy claro para mi delegación— habría podido, finalmente, mostrar alguna preocupación por el caso que todos reconocimos que era el más urgente, el más grave, el que más debía incitarnos a la diligencia.

No estoy en condiciones realmente de decir muchas expresiones estimulantes para los otros nueve colegas que esperan en la lista y cuyos casos ni siquiera aún hemos entrado a considerar.

Creo que la responsabilidad moral que asume este órgano es muy grande, porque si bien es correcto que nos ocupemos todos de lograr la plena aplicación de las resoluciones básicas aquí aprobadas —la principal de todas, a nuestro juicio, la Resolución 660 (1990), que pondría fin al conflicto existente en la región— y que velemos, como se hace a través del comité de sanciones, porque ellas se apliquen cabalmente y del modo en que fueron concebidas según el texto aquí aprobado, también el Consejo tiene que actuar como un órgano que refleje alguna madurez y algún sentido de la responsabilidad.

Hay una historia perfectamente conocida de esta Organización. La hora es demasiado tardía como para que yo intente que me acompañen a través de esta voluminosa colección de citas de ilustres representantes de países representados aquí, en este Consejo, solamente cuando este Consejo o la Asamblea General discutieron cuestiones de sanciones económicas en el pasado. Todas ellas, cualquiera que escogiéramos al azar, mostrarían claramente como hubo un exquisito cuidado en tomar en cuenta, antes de adoptar cualquier decisión, las consecuencias económicas que ellas pudieran tener.

A veces se decía, como en el caso de Sudáfrica, que son inagotables las referencias y citas que podemos hacer de algunos miembros permanentes de este Consejo. Todavía creo que se pueden encontrar muy recientes —no hay que hurgar en la historia— donde explicaban por qué no debían aplicarse sanciones económicas contra Sudáfrica, porque ellas perjudicarían también a la mayoría negra de ese país. Sé que a nuestros colegas de los Estados Unidos y del Reino Unido les resulta muy familiar esta posición, porque fue la que mantuvieron sistemáticamente durante muchos años y la que aún mantienen algunos de ellos, en cierta medida.

Pero hay algo más. Cuando se aplicaron algunas sanciones económicas contra Rhodesia, un país no del tercer mundo ni pobre sino un país desarrollado y rico, como los Estados Unidos, en un momento dado consideró que tenía que violarlas, que tenía que volver a importar cromo de Rhodesia, y lo explicó aquí mismo, en el Consejo, en esta misma sala, y que yo sepa no se enviaron flotas, ni se adoptaron resoluciones condenatorias, ni se tomaron medidas especiales de tipo alguno. Parece que se consideró natural que el representante de los Estados Unidos dijera lo que voy a citar. Va a ser una de las pocas citas que voy a hacer.

Refugiados del tercer mundo procedentes de Iraq y Kuwait aguardan por alimentos en el desierto. Ellos son víctimas de la indiferencia de parte de Washington a su sufrimiento. (Foto: Chris Cartter/Impact Visuals)

(Habla en inglés:) "El representante de los Estados Unidos explicó que la decisión de reanudar la importación de cromo de Rhodesia del Sur se debía a una consideración genuina de la seguridad nacional de los Estados Unidos y de sus necesidades de materiales de importancia estratégica que no se podían obtener más baratos en ninguna otra parte".

(Continúa en español:) ¿Pueden imaginarse los representantes si algún estado de este planeta aplicara la misma lógica con respecto a ese petróleo que ahora tenemos que pagar al doble por lo menos de lo que se pagaba antes del comienzo de la crisis? ¿No es un material estratégico para cualquiera? ¿No nos lo han explicado claramente estos 10 representantes que se han dirigido a nosotros al amparo del Artículo 50 de la Carta? Sin embargo, es natural, este no es un documento de la prehistoria. Es natural que una gran potencia dijera al Consejo de Seguridad que decidía volver a comprar cromo,

a pesar de que estaba prohibido, porque no podía comprarlo a menos precio en otra parte.

(Habla en inglés:) "No obstante, señaló que las importaciones de los Estados Unidos de material estratégico de Rhodesia del Sur ascendían a solo el 2 por ciento de la exportación total del territorio de ese producto".

(Continúa en español:) Esto expresó en 1972 en el Consejo de Seguridad el representante permanente de los Estados Unidos en aquella época [George Bush]. No hubo medidas extraordinarias del Consejo y siguió la importación de cromo. El año siguiente, otra vez, aquí mismo, el representante de los Estados Unidos volvió a explicar la posición norteamericana al respecto. Esta cita es incluso más breve:

(Habla en inglés:) "El representante de los Estados Unidos objetó el hecho de que muchos oradores habían singularizado a su gobierno y lo habían culpado de violar las sanciones. Recalcó que si bien los Estados Unidos habían autorizado la importación de cromo de Rhodesia del Sur, esas importaciones solo constituían el 5 por ciento de la exportación anual de dicho territorio".

(Continúa en español:) Un año era el 2 por ciento. El siguiente año ya era el 5 por ciento. Seguía siendo una cifra moderadamente aceptable para el Consejo y continuó la importación de cromo mientras el gobierno de los Estados Unidos lo consideró pertinente.

Hay muchas referencias que incluyen hasta el manejo de las sanciones o del embargo de armas respecto de Sudáfrica. Poco después de ser adoptado por el Consejo de Seguridad, el representante del mismo país explicó por qué los Estados Unidos continuaban enviando armas a aquel país y dio esta explicación que aparentemente resultó satisfactoria en la época:

(Habla en inglés:) "Las entregas actuales de armas a Sudáfrica", dijo, "consistían totalmente de repuestos suministrados en virtud de contratos concertados antes del 31 de

diciembre de 1963, fecha efectiva del embargo de las Naciones Unidas".

(Continúa en español:) ¿Se imaginan ustedes lo que ocurriría en el comité de sanciones si algún país de este planeta osara decir que envía alguna exportación al Iraq o a Kuwait porque el contrato fue suscrito antes de la fecha de la adopción de las sanciones? Me parece que los primeros que saltarían para explicar que eso constituiría una clara violación de las sanciones serían los mismos que encontraron ocasión de ser tan flexibles cuando había ventajas comerciales para ellos o contratos que consideraron necesario respetar.

Lo que quiero indicar es que si este Consejo decidió un buen día descubrir la necesidad de aplicar sanciones con el rigor y el tesón con que lo ha hecho en este caso particular, que no tiene comparación alguna con ningún otro caso anterior en la Organización —nunca este Consejo había actuado así—, tenía por lo menos la obligación de prever las consecuencias que esas decisiones podían tener para otros estados, que se supone que no son el objeto de las sanciones, y para millones de personas que por vivir en el área del conflicto podrían sufrir graves consecuencias.

Si no lo pudieron prever porque había que aprobar en un par de horas la resolución de las sanciones, por lo menos podía el mundo esperar que durante el mes transcurrido hubiéramos estado en condiciones de adoptar una posición coherente y consistente en relación con los problemas que nos presentaría la aplicación de estas decisiones.

Mi delegación piensa que ha sido todo lo contrario. El Consejo ha sido obligado, por razones que todos conocen y que no hay que repetir aquí, a seguir un curso de acción y solamente un curso de acción.

Pero ha ocurrido algo que para mi delegación resulta francamente hiriente durante la última semana. No revelo ningún secreto —creo que todos en este edificio lo saben— al mencionar lo que ocurrió en el comité de sanciones, las largas consultas que hemos tenido alrededor de las comunicaciones recibidas de los embajadores de la India y Filipinas, por un lado, y de Sri Lanka, por otro, los esfuerzos que se hicieron para que se tomasen algunas decisiones rápidas con relación, al menos, a las peticiones específicas que allí recibíamos, y cómo, por un extraño giro del destino, lo que empezó por una discusión que parecía muy sencilla sobre si autorizábamos o no a que un barco indio llevase alimento que necesita con urgencia la comunidad india en la región, vinimos a parar al texto que ahora se encuentra ante nosotros.

Ello fue así a pesar de que este Consejo y su comité tenían antecedentes, no de la historia lejana sino de estos mismos días, sobre cómo bregar con cuestiones semejantes que no procedieron de países del tercer mundo sino de otros estados. Todos sabemos que cuando se solicitó autorización para que pudiesen viajar aviones de algunos estados miembros de este Consejo a Bagdad a recoger a sus nacionales que deseaban trasladarse de vuelta a sus países de origen o para que aviones de Iraq hicieran lo mismo, no hubo que enfrentarse a largas negociaciones, ni hubo que hacer grandes discusiones ni hubo que redactar complicados textos, sino que sencillamente el comité de sanciones rápidamente expresó su acuerdo con que tales operaciones se llevaran a cabo. Lo hicimos una vez y, a partir de entonces, se ha estado haciendo sin que haya habido que volverlo a discutir en el comité.[32]

Mi delegación estuvo plenamente de acuerdo con que se interpretase así la solicitud que recibimos en aquel momento, si mal no recuerdo, del Reino Unido.

Me imagino que en la ejecución de esas actividades hubo que entrar en comunicación con las autoridades del Iraq y además hubo que hacer algunos desembolsos financieros. Generalmente se paga por sobrevuelo, por servicios de aeropuerto, etcétera.

Pero he aquí que cuando viene la India y nos indica que decenas de miles de sus nacionales enfrentan una situación angustiosa desde el punto de vista de la carencia de alimentos y nos dice que tiene un barco listo y cargado ya con alimentos, listo para zarpar hacia Kuwait, entramos en el más complicado proceso negociador, que, si tenemos suerte, conducirá a que la India sea autorizada a que un barco de su país vaya por una vez a Kuwait a llevar alimentos a estas personas. La operación no incluiría, obviamente, ninguna transacción financiera en beneficio de Iraq, pero quizás ayudaría a salvar a algunas personas inocentes y a algunas personas que tienen derecho a vivir y que son, entre otras cosas, ajenas a las partes en conflicto.

Yo me pregunto si realmente es justo que tengamos exquisita sensibilidad para la suerte y el drama de las personas que son de países desarrollados, de países del Norte, y que podamos estar impasibles, con los brazos cruzados, ante el clamor de centenares de miles de personas cuyos nombres no aparecen en los grandes diarios, cuyas historias no son tan difundidas, pero que, a juicio de nuestra delegación, tienen exactamente los mismos derechos que las personas de tez más clara o procedentes de países más ricos o portadoras de pasaportes evidentemente más útiles. Por lo menos, mi delegación no puede aceptar que el Consejo de Seguridad actúe con esa distinta y discriminatoria manera frente a los unos y a los otros.

Hubiéramos podido confiar que, un mes después, el Consejo habría ya estado al menos en condiciones de encarar estos problemas y, por lo menos, haber ido ofreciendo respuestas a uno u otro de los casos que habíamos recibido, pero realmente nos encontramos con lo peor, con que se nos presenta un proyecto de resolución que, en la práctica, significa extender y reforzar las sanciones contra Iraq y Kuwait también a los alimentos y, en la práctica, significa también encaminar por un camino tortuoso, y quizás sin salida, los reclamos de las necesidades imperiosas, urgentes, que nos están haciendo varios estados miembros y que sabemos que existen en el área.

Se puede alegar, como se dijo en otra ocasión anterior, que en este momento se justifica adoptar medidas tan drásticas, y adoptar también tanta frialdad ante el sufrimiento humano, con el objeto de lograr que esas medidas se cumplan y que se obtenga el objetivo trazado, al margen de la distinta eficiencia que mostramos en el pasado. Pero es que el Jerusalén oriental también fue ocupado y anexado por la potencia ocupante. Es que el Golán también fue y es ocupado y anexado por la potencia ocupante. Eso no es prehistoria; eso está vigente ahora. Pero de eso no se habla, no se habla de sanciones, no se habla de medidas para obligar al ocupante de esos dos territorios mencionados, cuyo nombre es perfectamente familiar a los miembros del Consejo, a forzarlo a aceptar las decisiones de este mismo órgano.

Hice alguna cita referente a Sudáfrica. Tampoco es prehistoria. Ahora mismo la Asamblea General está considerando un informe del secretario general sobre la aplicación de la declaración aprobada por consenso hace apenas unos meses.[33] No es prehistoria; mañana sigue el debate aquí, en este edificio. Y como bien sabe el secretario general, en su informe aparecen informaciones, respuestas de gobiernos de estados miembros que no ciertamente nos están indicando que ellos estén cumpliendo o vayan a seguir cumpliendo las sanciones acordadas contra Sudáfrica. Más bien, lo que está encarando hoy la Asamblea, y lo saben muy bien nuestros hermanos africanos, es la tendencia nociva a ir flexibilizando la política de sanciones contra Sudáfrica, a ir tratando de acomodar la posición de la comunidad internacional contra el apartheid y buscar fórmulas conciliatorias con el régimen de Pretoria antes de que se cumplan las resoluciones de la Asamblea y de este Consejo.

Pero es que este Consejo también fue el que creó el comité para velar por la aplicación de las sanciones establecidas en la Resolución 421 (1977),[34] y todos sabemos que ese comité duerme el sueño de los justos desde hace aproximadamente un par de meses. ¿Por qué? Porque teníamos que concentrarnos en las sanciones verdaderas, en las que sí se quiere aplicar, pase lo que pase, cueste las vidas que cueste. No podemos aceptar ese enfoque. Y esto no es prehistoria. Creemos que si vamos a tener un mínimo de consecuencia es preciso recordar la posibilidad de rescatar de una casi segura muerte a ese otro comité de sanciones y a ese otro conjunto de sanciones parciales, solamente con relación a las armas, que este Consejo había decidido para Sudáfrica.

Mi delegación cree firmemente que el conflicto surgido a raíz de la invasión de Kuwait por el Iraq debe ser resuelto mediante la retirada inmediata e incondicional de las tropas iraquíes de Kuwait. Cree firmemente que la plena soberanía, la integridad territorial y la independencia de Kuwait deben ser restauradas de inmediato. Cree que las personas de terceros estados que se encuentran en el Iraq y Kuwait tienen derechos que nadie debe coartar, limitar o afectar: derecho a salir de su país y regresar a él; derecho, por supuesto, a una alimentación adecuada y a todas las demás condiciones de una vida digna. Pero creemos también que iguales derechos tiene el pueblo de Kuwait, la población civil del Iraq y los nacionales de terceros estados que se encuentran en la zona, aunque estos terceros estados tengan la desgracia de pertenecer al tercer mundo y no al mundo de los ricos.

Y no estamos dispuestos a cohonestar acción alguna que pretenda seguir ignorando el drama del cual son responsables los que crearon este conflicto originalmente, pero también es responsable este Consejo de Seguridad al adoptar las medidas que adoptó y no tomar en cuenta los problemas que creaba con ellas contra personas inocentes.

Es por ese motivo que habíamos presentado un proyecto de resolución que hubiéramos confiado que hubiera podido recibir la aprobación de los miembros del Consejo. Si se le revisa se verá que aparte de algunas citas textuales de la Carta de nuestra Organización en él se señalaba un principio que, aunque no haya recibido los votos necesarios, sigue siendo un principio que nadie tiene derecho alguno a desconocer: el acceso a los alimentos básicos y a una asistencia médica adecuada. Es un derecho humano fundamental que debe protegerse en cualesquiera circunstancias. Como este principio va a resultar más difícil de ser ejercido a partir de ahora por millones de personas inocentes, como lejos de mitigar —como se dice en el proyecto ante nuestra consideración— los sufrimientos de las personas, posiblemente los amplíe, los multiplique la decisión del Consejo, es que mi delegación no está en condiciones de aprobar el proyecto que ha sido presentado.

6

*'No se ha hecho referencia
a la necesidad de encontrar
una solución pacífica del conflicto'*

Resolución 667 (1990)

Consejo de Seguridad, 16 de septiembre de 1990

La siguiente resolución fue aprobada por voto unánime.

EL CONSEJO DE SEGURIDAD,

REAFIRMANDO sus resoluciones 660 (1990), 661 (1990), 662 (1990), 664 (1990), 665 (1990) y 666 (1990),

RECORDANDO las Convenciones de Viena de 18 de abril de 1961 sobre relaciones diplomáticas y de 24 de abril de 1963 sobre relaciones consulares en que el Iraq es parte,

CONSIDERANDO que la decisión del Iraq de ordenar el cierre de las misiones diplomáticas y consulares en Kuwait y de revocar las inmunidades y prerrogativas de que gozan dichas misiones y su personal es contraria a las decisiones del Consejo de Seguridad, las convenciones internacionales anteriormente mencionadas y el derecho internacional,

PROFUNDAMENTE PREOCUPADO por que el Iraq, no obstante las decisiones del Consejo de Seguridad y lo dispuesto en las convenciones anteriormente mencionadas, ha cometido actos de violencia contra las misiones diplomáticas en Kuwait y su personal,

INDIGNADO por las recientes violaciones de los locales diplomáticos en Kuwait cometidas por el Iraq y por el secuestro de personal que goza de inmunidad diplomática y de nacionales extranjeros que se hallaban presentes en dichos locales,

CONSIDERANDO que las acciones del Iraq anteriormente mencionadas constituyen actos de agresión y una violación flagrante de sus obligaciones internacionales que amenazan con destruir el desarrollo de las relaciones internacionales de conformidad con la Carta de las Naciones Unidas,

RECORDANDO que el Iraq es plenamente responsable de cualquier uso de violencia contra nacionales extranjeros o contra las misiones diplomáticas o consulares en Kuwait o el personal de éstas,

DECIDIDO a garantizar el respeto de sus decisiones y del Artículo 25 de la Carta de las Naciones Unidas,[35]

CONSIDERANDO ADEMÁS que la gravedad de las acciones del Iraq, que constituyen una nueva escalada de sus transgresiones del derecho internacional, obliga al Consejo no solo a expresar su reacción inmediata, sino además a celebrar consultas urgentes para adoptar nuevas medidas concretas que aseguren el cumplimiento por parte del Iraq de las resoluciones del Consejo,

ACTUANDO en virtud del Capítulo 7 de la Carta de las Naciones Unidas:

1. CONDENA enérgicamente los actos de agresión perpetrados por el Iraq contra los locales diplomáticos en Kuwait y su personal, entre ellos el secuestro de nacionales extranjeros que se encontraban en esos locales;

2. EXIGE la liberación inmediata de dichos nacionales extranjeros, así como de todos los nacionales mencionados en la Resolución 664 (1990);

3. EXIGE ASIMISMO que el Iraq cumpla de inmediato y plenamente con sus obligaciones internacionales en virtud de las resoluciones 660 (1990), 662 (1990) y 664 (1990) del Consejo de Seguridad, las Convenciones de Viena sobre relaciones diplomáticas y consulares y el derecho internacional;

4. EXIGE ADEMÁS que el Iraq asegure la protección inmediata de la seguridad y el bienestar del personal y los locales diplomáticos y consulares en Kuwait y que no emprenda acción alguna que impida a las misiones diplomáticas y consulares el desempeño de sus funciones, entre ellas el acceso a sus nacionales y la protección de sus personas y sus intereses;
5. RECUERDA a todos los estados que están obligados a observar estrictamente las resoluciones 661 (1990), 662 (1990), 664 (1990), 665 (1990) y 666 (1990);
6. DECIDE celebrar consultas urgentes para adoptar a la brevedad posible nuevas medidas concretas, con arreglo al Capítulo 7 de la Carta, para responder a las continuas transgresiones de la Carta, de las resoluciones del Consejo y del derecho internacional cometidas por el Iraq.

'Los actos violatorios de la integridad de locales y personal diplomáticos son absolutamente inaceptables'

Ricardo Alarcón, 16 de septiembre de 1990

La siguiente declaración fue formulada durante la discusión de la Resolución 667 (1990) del Consejo de Seguridad.

En primer lugar, mi delegación desea expresar su reconocimiento a la delegación francesa por la actitud que mantuvo en el curso de las negociaciones que precedieron a esta sesión y por su disposición a tratar de encontrar fórmulas de avenencia que le permitieran el pleno apoyo de todos los miembros del Consejo a la resolución que se acaba de aprobar. Sin embargo, debo expresar que, lamentablemente, el texto que acaba de ser aprobado contiene algunos elementos sobre los cuales debo hacer algunas observaciones.

Ante todo, en este texto se reafirman algunas resoluciones respecto a las cuales nuestra posición no puede ser modificada por el voto que acabamos de dar y no puede interpretarse así. A nuestro juicio, la Resolución 665 (1990), aprobada por este Consejo, constituyó una violación de la Carta de las Naciones Unidas, y la Resolución 666 (1990), que el Consejo aprobó hace apenas un día, contiene enfoques y criterios que, a nuestro juicio, adolecen de un carácter inhumano.

Por otra parte, mi delegación habría preferido que se hubieran formulado de otro modo algunos párrafos de este texto en los cuales se hace referencia a actos de agresión, lo cual nos parece reflejar una cierta desmesura si recordamos que tal expresión no se empleó ni siquiera en el texto de la Resolución 660 (1990) referida a la invasión del territorio de Kuwait por el Iraq. Asimismo, debemos expresar nuestra preocupación con respecto al párrafo 6 de la parte dispositiva, ya que del mismo pudiera inferirse la posibilidad de que algunas potencias pudieran pretender utilizarlo para agravar el conflicto y recurrir al paso hacia acciones bélicas.

Lamentamos, además, que en este texto no se haya hecho referencia alguna a la necesidad de continuar los esfuerzos para una solución pacífica del conflicto ni se haya encontrado espacio para mencionar la responsabilidad y la función que, en este sentido y en relación con las misiones diplomáticas en Kuwait, puede y debe desempeñar el secretario general.

Sin embargo, mi delegación decidió dar su voto favorable a esta resolución porque coincide con los principales aspectos que se señalan en su parte dispositiva, ya que para nosotros resultan absolutamente inaceptables los actos violatorios de la integridad de los locales y el personal diplomáticos en Kuwait.

Para Cuba sigue constituyendo una necesidad imperiosa el respeto y la plena aplicación de las resoluciones 662 (1990) y 664 (1990) de este Consejo.

Nuestro voto debe interpretarse además como una expresión de amistad y respeto hacia Francia, Canadá y otros estados, cuyo personal y misiones diplomáticas han sido y son objeto de actos y de incidentes que Cuba no puede menos que repudiar.

7

*'Esta resolución
nos acerca
al estallido bélico'*

Resolución 670

Consejo de Seguridad, 25 de septiembre de 1990

La siguiente resolución fue aprobada por un voto de 14-1-0; Cuba votó en contra.

EL CONSEJO DE SEGURIDAD,

REAFIRMANDO sus resoluciones 660 (1990), 661 (1990), 662 (1990), 664 (1990), 665 (1990), 666 (1990) y 667 (1990),

CONDENANDO la continuación de la ocupación de Kuwait por el Iraq y el hecho de que el Iraq no revoque las medidas que ha tomado ni ponga término a su pretensión de anexarlo ni a la retención contra su voluntad de nacionales de terceros estados en abierta violación de las resoluciones 660 (1990), 662 (1990), 664 (1990) y 667 (1990) y del derecho humanitario internacional,

CONDENANDO ADEMÁS el tratamiento por fuerzas iraquíes de nacionales de Kuwait, que ha incluido medidas para obligarlos a dejar su propio país y el trato abusivo de personas y bienes en Kuwait en violación del derecho internacional,

OBSERVANDO con grave preocupación los intentos persistentes de eludir las medidas establecidas en la Resolución 661 (1990),

OBSERVANDO ADEMÁS que varios estados han limitado el nú-

mero de funcionarios diplomáticos y consulares iraquíes en sus países y que otros planean hacerlo,
DECIDIDO a procurar por todos los medios necesarios la estricta y cabal aplicación de las medidas establecidas en la Resolución 661 (1990),
DECIDIDO a velar por que se respeten sus decisiones y las disposiciones de los artículos 25 y 48 de la Carta de las Naciones Unidas,[36]
AFIRMANDO que todos los actos del gobierno del Iraq que sean contrarios a las resoluciones mencionadas o a los artículos 25 ó 48 de la Carta de las Naciones Unidas, tales como el decreto No. 7 del Consejo de Mando de la Revolución del Iraq, de 16 de septiembre de 1990, son nulos y sin valor,
REAFIRMANDO su decisión de velar por que se cumplan las resoluciones del Consejo de Seguridad recurriendo al máximo a medios políticos y diplomáticos,
ACOGIENDO COMPLACIDO la interposición de los buenos oficios del secretario general para promover una solución pacífica basada en las resoluciones pertinentes del Consejo de Seguridad y tomando nota con reconocimiento de los esfuerzos ininterrumpidos del secretario general con ese fin,
SEÑALANDO al gobierno del Iraq que, de persistir en su incumplimiento de las resoluciones 660 (1990), 661 (1990), 662 (1990), 664 (1990), 666 (1990) y 667 (1990), el Consejo de Seguridad podría adoptar nuevas y severas medidas con arreglo a la Carta de las Naciones Unidas, incluido el Capítulo 7,
RECORDANDO las disposiciones del Artículo 103 de la Carta de las Naciones Unidas,[37]
ACTUANDO con arreglo al Capítulo 7 de la Carta de las Naciones Unidas:
1. EXHORTA a todos los estados a que cumplan su obligación de velar por la observancia estricta y cabal de la Resolución 661 (1990) y, en particular, de sus párrafos 3, 4 y 5;

2. CONFIRMA que la Resolución 661 (1990) se aplica a todos los medios de transporte, incluidas las aeronaves;
3. DECIDE que ningún estado, con prescindencia de que existan derechos u obligaciones conferidos o impuestos por acuerdos internacionales, contratos, licencias o permisos concertados o concedidos antes de la fecha de la presente resolución, permitirá a ninguna aeronave despegar de su territorio si la aeronave hubiera de llevar cualquier tipo de cargamento al Iraq o Kuwait o procedente de esos países, excepto si se tratara de alimentos, en circunstancias humanitarias y con sujeción a la autorización del comité del Consejo establecido en virtud de la Resolución 661 (1990) y de conformidad con la Resolución 666 (1990), o de suministros destinados estrictamente a fines médicos o exclusivamente al UNIIMOG;[38]
4. DECIDE ADEMÁS que ningún estado permitirá que ninguna aeronave que haya de aterrizar en el Iraq o Kuwait, cualquiera sea el estado en que esté registrada, sobrevuele su territorio a menos que:
   (a) La aeronave aterrice en un aeropuerto designado por ese estado fuera del Iraq o Kuwait a fin de que pueda ser inspeccionada para cerciorarse de que no transporte un cargamento en transgresión de la Resolución 661 (1990), o de la presente resolución, y para estos efectos la aeronave podrá ser detenida todo el tiempo que sea necesario; o
   (b) El vuelo de que se trate haya sido aprobado por el comité establecido en virtud de la Resolución 661 (1990); o
   (c) Las Naciones Unidas hayan certificado que el vuelo se realiza exclusivamente para los fines del UNIIMOG;
5. DECIDE que cada estado adoptará todas las medidas necesarias para velar por que ninguna aeronave registrada en su territorio o explotada por un agente que tenga la sede principal de sus negocios o su residencia permanente en su territorio deje de cumplir las disposiciones de la Reso-

lución 661 (1990) y de la presente resolución;

6. DECIDE además que todos los estados notificarán en forma oportuna al comité establecido en virtud de la Resolución 661 (1990) sobre todo vuelo entre su territorio y el Iraq o Kuwait al que no se aplique el requisito del aterrizaje previsto en el párrafo 4 *supra,* así como sobre el propósito de dicho vuelo;

7. EXHORTA a todos los estados a que cooperen adoptando las medidas que sean necesarias, de conformidad con el derecho internacional, incluida la Convención de Chicago,[39] para garantizar la aplicación eficaz de las disposiciones de la Resolución 661 (1990) o de la presente resolución;

8. EXHORTA a todos los estados a que detengan a todo barco de matrícula iraquí que entre en sus puertos y que sea o haya sido utilizado en violación de la Resolución 661 (1990) o a que nieguen a esos barcos el ingreso en sus puertos, excepto en circunstancias que el derecho internacional reconozca como necesarias para la salvaguardia de vidas humanas;

9. RECUERDA a todos los estados las obligaciones que les incumben con arreglo a la Resolución 661 (1990) en relación con el congelamiento de los bienes iraquíes y la protección de los bienes del gobierno legítimo de Kuwait y sus organismos dentro de sus respectivos territorios y la presentación de informes al comité establecido en virtud de la Resolución 661 (1990) acerca de esos bienes;

10. EXHORTA a todos los estados a que proporcionen al comité establecido en virtud de la Resolución 661 (1990) información relativa a las medidas que hayan adoptado para dar cumplimiento a las disposiciones de la presente resolución;

11. AFIRMA que las Naciones Unidas, los organismos especializados y otras organizaciones internacionales del sistema de las Naciones Unidas deberán adoptar las medidas necesarias para poner en práctica las disposiciones de la

Resolución 661 (1990) y de la presente resolución;

12. DECIDE que, en caso de incumplimiento de las disposiciones de la Resolución 661 (1990) o de la presente resolución por un estado o sus nacionales, o a través de su territorio, considerará la adopción de medidas dirigidas a ese estado a fin de impedir tal incumplimiento;

13. REAFIRMA que el Cuarto Convenio de Ginebra es aplicable a Kuwait y que el Iraq, en su carácter de Alta Parte Contratante en el Convenio, está obligado a cumplir plenamente todas sus disposiciones y, en particular, es responsable con arreglo al Convenio respecto de las transgresiones graves que ha cometido, lo mismo que las personas que cometan u ordenen que se cometan transgresiones graves.

'Esperemos que algún día, este Consejo pueda dedicar algún tiempo a esfuerzos que den una oportunidad para la paz'

Ricardo Alarcón, 25 de septiembre de 1990

La siguiente declaración fue hecha durante la discusión de la Resolución 670 (1990) del Consejo de Seguridad.

Señor presidente, ante todo quisiera darle la bienvenida y expresarle la satisfacción que siente mi delegación al tenerlo a usted, eminente personalidad soviética, destacado dirigente del gobierno de ese país con el que el mío mantiene las más fraternas relaciones, al frente de las deliberaciones de nuestro Consejo.[40]

Desde que el Iraq invadiera Kuwait el pasado 2 de agosto, este Consejo ha manifestado una diligencia inusitada. Ha aprobado, a veces en muy pocas horas, una serie infatigable de resoluciones y ha mostrado, por primera vez en su historia, la voluntad de hacerlas cumplir.

Cuba ha votado afirmativamente las resoluciones que rechazan la inadmisible invasión del territorio kuwaití, la ilegal pretensión de anexarlo, y las que repudian la violación de las normas diplomáticas y la conversión de ciudadanos extranjeros en rehenes. Por razones de principio, rechazamos la conducta del gobierno del Iraq a este respecto y lo exhortamos, una vez más, a ponerle fin y a que acate las resoluciones 660 (1990), 662 (1990) y 664 (1990) del Consejo.

Seguimos pensando que las tropas iraquíes deben retirarse inmediata e incondicionalmente de Kuwait y que debe respetarse la soberanía, la independencia nacional y la integridad territorial de ese estado. Rechazamos cualquier forma de uso de la fuerza para intentar resolver las controversias internacionales.

Esos principios que consideramos sagrados y que todos tenemos la obligación de respetar en el caso de Kuwait, como en cualquier otro estado, resultan fundamentales para todos los pueblos del tercer mundo, y consideramos indispensable que sean respetados cuanto antes para salvar al mundo y en particular a los pueblos de África, de Asia y América Latina, de la catástrofe que pudiera avecinársenos.

Por las mismas razones de principio, mi delegación se ha visto igualmente obligada a no acompañar al Consejo de Seguridad en otras ocasiones. Consideramos que este órgano tiene ciertas obligaciones conforme a la Carta y que las debe respetar. Ante todo nos parece que el Consejo debe mostrar congruencia y coherencia, y no pensamos que las haya mostrado en el pasado ni que las manifieste ahora si pensamos

Ricardo Alarcón, embajador de Cuba ante la ONU, habla en el Consejo de Seguridad contra las maniobras de guerra norteamericanas en el Oriente Medio. Detrás de él, el vice embajador Carlos Zamora (izquierda) y el asesor Abelardo Moreno de la misión cubana ante la ONU. (Foto: Naciones Unidas)

en la conducta que seguimos frente a otros casos. No voy a referirme a ellos; mencionaré solo algunos nombres bien familiares a todos los que me escuchan: Palestina, el Líbano, el apartheid, Chipre,[41] y hay muchos más.

Pero además hemos faltado a la congruencia en las decisiones que este propio Consejo ha tomado con premura desde el pasado mes de agosto. El Consejo, que ha sido ágil, que ha sido eficaz en aprobar una tras otra las resoluciones que todos conocemos, ha mostrado sin embargo parsimonia ante las crecientes demandas de numerosos estados en virtud del Artículo 50 de la Carta, y más de un mes nos ha costado poder encontrar algunos acuerdos mínimos a este respecto. Ha sido incongruente el Consejo de Seguridad a la hora de imponer sanciones que en la forma en que están siendo concebidas constituyen, a juicio de nuestra delegación —y lo reiteramos una vez más— acciones inhumanas, al negar a miles de personas inocentes, incluyendo niños, ancianos y mujeres, un derecho elemental del que nadie tiene autoridad alguna para privarles: el de recibir una alimentación básica y una asistencia médica adecuada.

Lo hemos sido, además, cuando nos hemos precipitado a adoptar decisiones sin esperar por la información pertinente del secretario general, cuando se han emprendido acciones o se amenaza con otras acciones ante supuestas violaciones de un embargo económico impuesto al Iraq, sin haber recibido hasta la fecha una sola acusación concreta de que se lo esté ignorando.

Una vez más el Consejo de Seguridad es invitado a pronunciarse de un modo que implicaría reforzar las medidas económicas aplicadas contra el Iraq sin que nos hayamos detenido a pensar en las consecuencias adversas que ellas puedan tener para terceros, quienes quizás vengan más tarde a reclamarnos que cumplamos nuestras obligaciones conforme al Artículo 50 y se encuentren de nuevo con aquel Consejo tradicional, lento y parsimonioso a la hora de atender las reclamaciones de los estados miembros.

El proyecto de resolución que se nos presenta no solo contiene amenazas claras de pasar al empleo de otros medios —supongo que militares— contra el Iraq, sino que además las contiene también, lanzadas a voleo, contra cualquier estado que supuestamente estuviese desconociendo las resoluciones aprobadas, sin que hasta ahora se haya recibido información alguna o se haya examinado cualquier ocasión, ni siquiera el alegato de que alguien se estuviese comportando de tal modo.

Por otra parte —y es lo central de este proyecto de resolución— se extenderían estas medidas a las comunicaciones internacionales aéreas entre el Iraq y otros estados, de un modo que a nuestro juicio tiene muy poco que ver con aquella convención que fue suscrita en medio de la guerra, en diciembre de 1944, y que sirve de base a las actividades de la Organización de Aviación Civil Internacional (OACI). No es de extrañar que haya costado tanto trabajo lograr que se hiciese referencia específica a la convención de diciembre de 1944 y a sus claras estipulaciones, en el proyecto tal como fue originalmente presentado.

Mi delegación considera que este texto continúa una misma línea que a nuestro juicio no acerca a la solución del conflicto, sino que, más bien, acerca al estallido bélico. En el texto que se nos ha presentado, por cierto, se incluye el párrafo 13; lamentablemente los autores no pudieron aceptar nuestra solicitud de que se lo votara por separado. Ese párrafo se refiere a lo que el representante permanente de Kuwait nos había estado solicitando desde que comenzara este mes: él planteó con toda razón la angustia y la preocupación de su gobierno ante la situación de la población kuwaití bajo la ocupación extranjera.

Recién en este momento, y en el contexto de una resolución que realmente trata de otra materia, el Consejo muestra finalmente sensibilidad, inclusive hacia el pueblo de Kuwait, que se supone debió estar en el centro de nuestras preocupaciones desde el principio. Mi delegación lamenta que no pueda procederse a votar separadamente ese párrafo 13, porque si así hubiera sido habría votado en su favor, cosa que no hará con respecto a la resolución en su conjunto.

Quiero concluir —porque estamos conscientes del interés de pasar con rapidez al momento de la votación— recordando a este Consejo la necesidad que tiene, que ha tenido siempre y que seguirá teniendo de velar por la preservación de la paz mundial, aspiración suprema de la Carta. Tengo conmigo un texto muy antiguo que desde la profundidad de los tiempos nos recuerda que si bien hay momentos para la tirantez, para la amenaza, para el empleo de la fuerza, también los hay en que debiéramos ocuparnos un poco más de la paz. Traigo esta breve cita, tomada del Eclesiastés, que los jóvenes norteamericanos convirtieron en canciones que popularizaron en este país y en todo el mundo hace unos 20 años: "Todo tiene su tiempo, y todo lo que se quiere debajo del cielo tiene su hora: tiempo de amar y tiempo de aborrecer; tiempo de guerra y tiempo de paz".

Esperemos que algún día, más temprano que tarde, este Consejo pueda por fin dedicar algún tiempo a esfuerzos que no conduzcan hacia la guerra sino que den una oportunidad para la paz.

El predicador dijo también lo siguiente: "Mejor es la sabiduría que la fuerza, aunque la ciencia del pobre sea menospreciada y no sean escuchadas sus palabras".

8

*'Hacíamos juegos malabares
mientras Estados Unidos
anunciaba el envío
de otros 100 mil soldados'*

Resolución 674 (1990)

Consejo de Seguridad, 29 de octubre de 1990

La siguiente resolución fue aprobada con un voto de 13-0-2; Cuba y Yemen emitieron los votos de abstención.

EL CONSEJO DE SEGURIDAD,

RECORDANDO sus resoluciones 660 (1990), 661 (1990), 662 (1990), 664 (1990), 665 (1990), 666 (1990), 667 (1990) y 670 (1990),

RECALCANDO la urgente necesidad de que todas las fuerzas iraquíes se retiren inmediata e incondicionalmente de Kuwait, a fin de que se restauren la soberanía, la independencia y la integridad territorial de Kuwait y la autoridad de su gobierno legítimo,

CONDENANDO los actos de las fuerzas de ocupación y las autoridades iraquíes consistentes en tomar como rehenes a nacionales de terceros estados y en maltratar y oprimir a nacionales de Kuwait y de terceros estados, así como otros actos comunicados al Consejo de Seguridad, como la destrucción de los registros demográficos de Kuwait, la partida forzada de nacionales de Kuwait y el reasentamiento de grupos de población en Kuwait y la destrucción e incautación ilegales de propiedades públicas y privadas en Kuwait, con inclusión de equipo y suministros de hospital, en violación de las decisiones de este Consejo, de la Carta de las Naciones Unidas, del Cuarto Convenio de Ginebra, de las Convenciones de Viena sobre relaciones diplomáticas y consulares y del derecho internacional,

EXPRESANDO SU GRAVE ALARMA por la situación en que se encuentran nacionales de terceros estados en Kuwait y en el Iraq, con inclusión del personal de las misiones diplomáticas y consulares de esos estados,

REAFIRMANDO que el Cuarto Convenio de Ginebra se aplica a Kuwait y que, en su carácter de Alta Parte Contratante en el Convenio, el Iraq está obligado a cumplir plenamente todas sus disposiciones y en particular es responsable en virtud del Convenio por las graves transgresiones que ha cometido, al igual que las personas que cometen u ordenan que se cometan graves transgresiones,

RECORDANDO los esfuerzos del secretario general por la seguridad y el bienestar de los nacionales de terceros estados en el Iraq y en Kuwait,

PROFUNDAMENTE PREOCUPADO por el costo económico y las pérdidas y los sufrimientos causados a particulares en Kuwait y en el Iraq como resultado de la invasión y ocupación de Kuwait por el Iraq,

ACTUANDO con arreglo al Capítulo 7 de la Carta de las Naciones Unidas,

REAFIRMANDO el objetivo de la comunidad internacional de mantener la paz y la seguridad internacionales procurando resolver las controversias y los conflictos internacionales por medios pacíficos,

RECORDANDO el importante papel que han desempeñado las Naciones Unidas y su secretario general en la solución pacífica de las controversias y los conflictos de conformidad con las disposiciones de la Carta,

ALARMADO por los peligros de la actual crisis causada por la invasión y la ocupación de Kuwait por el Iraq, que representan una amenaza directa para la paz y la seguridad internacionales, y procurando evitar un nuevo empeoramiento de la situación,

EXHORTANDO al Iraq a que cumpla las resoluciones pertinentes del Consejo de Seguridad, y en particular las resoluciones 660 (1990), 662 (1990) y 664 (1990),

REAFIRMANDO su determinación de conseguir que el Iraq cumpla las resoluciones del Consejo de Seguridad, utilizando para ello al máximo medios políticos y diplomáticos:

A

1. EXIGE que las autoridades iraquíes y las fuerzas de ocupación cesen y desistan inmediatamente de tomar como rehenes a nacionales de terceros estados, y de maltratar y oprimir a nacionales de Kuwait y de terceros estados, y de cualesquiera otros actos como los comunicados al Consejo de Seguridad y descritos anteriormente, que violan las decisiones de este Consejo, la Carta de las Naciones Unidas, el Cuarto Convenio de Ginebra, las Convenciones de Viena sobre relaciones diplomáticas y consulares y el derecho internacional;
2. INVITA a los estados a recopilar la información corroborada que obre en su poder o que se les haya presentado acerca de las graves transgresiones cometidas por el Iraq, según el párrafo 1 *supra*, y a facilitar dicha información al Consejo de Seguridad;
3. REAFIRMA su exigencia de que el Iraq cumpla de inmediato con sus obligaciones para con nacionales de terceros estados en Kuwait y el Iraq, incluido el personal de las misiones diplomáticas y consulares, con arreglo a la Carta, al Cuarto Convenio de Ginebra, a las Convenciones de Viena sobre relaciones diplomáticas y consulares, a los principios generales del derecho internacional y a las resoluciones

pertinentes del Consejo;
4. REAFIRMA ASIMISMO su exigencia de que el Iraq permita y facilite la partida inmediata de Kuwait y el Iraq de todos los nacionales de terceros estados, incluido el personal diplomático y consular, que deseen salir;
5. EXIGE que el Iraq garantice inmediatamente el acceso a los alimentos, el agua y los servicios básicos necesarios para la protección y el bienestar de los nacionales de Kuwait y de los nacionales de terceros estados en Kuwait y en el Iraq, incluido el personal de las misiones diplomáticas y consulares en Kuwait;
6. REAFIRMA su exigencia de que el Iraq proteja inmediatamente la seguridad y el bienestar del personal y los locales diplomáticos y consulares en Kuwait y en el Iraq, de que no adopte medida alguna que obstaculice a dichas misiones diplomáticas y consulares el desempeño de sus funciones, entre ellas la comunicación con sus nacionales y la protección de sus personas e intereses, y de que revoque su orden de cierre de las misiones diplomáticas y consulares en Kuwait y la suspensión de la inmunidad de su personal;
7. PIDE al secretario general que, en el contexto del ejercicio continuo de sus buenos oficios en favor de la seguridad y el bienestar de los nacionales de terceros estados en el Iraq y en Kuwait, procure alcanzar los objetivos que se fijan en los párrafos 4, 5 y 6 *supra,* y en particular el suministro de alimentos, agua y servicios básicos a los nacionales de Kuwait y a las misiones diplomáticas y consulares en Kuwait y la evacuación de nacionales de terceros estados;
8. RECUERDA al Iraq que, con arreglo al derecho internacional, es responsable por las pérdidas, daños o perjuicios ocasionados a Kuwait o a terceros estados, y a sus nacionales y sociedades, como resultado de la invasión y de la ocupación ilegal de Kuwait por el Iraq;

9. INVITA a los estados a que reúnan toda la información pertinente relativa a sus reclamaciones, y a las de sus nacionales y sociedades, con miras a la adopción eventual de medidas con arreglo al derecho internacional para el resarcimiento o indemnización por el Iraq;
10. EXIGE que el Iraq cumpla las disposiciones de la presente resolución y de sus resoluciones anteriores, sin lo cual el Consejo de Seguridad necesitará adoptar nuevas medidas con arreglo a la Carta;
11. DECIDE seguir ocupándose activa y permanentemente de la cuestión hasta que Kuwait haya recuperado su independencia y se haya restaurado la paz, de conformidad con las resoluciones pertinentes del Consejo de Seguridad;

B

12. DEPOSITA su confianza en el secretario general para que ofrezca sus buenos oficios y, según estime conveniente, los ejerza y adopte iniciativas diplomáticas para lograr una solución pacífica de la crisis causada por la invasión y la ocupación de Kuwait por el Iraq, sobre la base de las resoluciones 660 (1990), 662 (1990) y 664 (1990) del Consejo de Seguridad, y pide a todos los estados, tanto de esa región como de otras, que sobre esta base continúen sus esfuerzos con tal finalidad, con arreglo a la Carta, a fin de que mejore la situación y se restaure la paz, la seguridad y la estabilidad;
13. PIDE al secretario general que informe al Consejo de Seguridad sobre los resultados de sus buenos oficios y de sus esfuerzos diplomáticos.

'Tenemos la obligación de trabajar para evitar esta guerra'

Ricardo Alarcón, 29 de octubre de 1990

La siguiente declaración fue hecha durante la discusión de la Resolución 674 (1990) del Consejo de Seguridad.

En los últimos días, los miembros del Consejo de Seguridad nos enfrascamos en largas disquisiciones acerca de la sustancia y de la forma. Nos enredamos en una interminable disputa sobre preámbulos y partes dispositivas y sus posibles combinaciones. Hacíamos juegos malabares con letras, numerales y asteriscos. Mientras tanto, en los mismos días, el gobierno de los Estados Unidos anunciaba el envío de otros 100 mil soldados a la región que nos ocupa y dirigentes de la administración y del Congreso de los Estados Unidos discutían abiertamente acerca de cómo comenzará el ataque militar, si habrá o no declaración de guerra, si se pedirá autorización al Senado o solo se le consultará, y si se empleará de algún modo a este Consejo para esa ocasión anunciada.

Algunos podrían haberse sorprendido de que el Consejo de Seguridad hubiera estado ausente de ese debate externo. Se podrían haber sorprendido si recordaban que en el párrafo 4 de la Resolución 665 (1990), aprobada por este Consejo hace ya dos meses, se decía:

"Pide además a los estados interesados que coordinen su acción en cumplimiento de los párrafos de esta resolución que anteceden utilizando según corresponda el mecanismo del Comité de Estado Mayor y, luego de consultas con el secretario general, presenten informes al Consejo de Seguridad y a su comité establecido en virtud de la Resolución

661 (1990) para facilitar la vigilancia de la aplicación de esta resolución".

Cualquiera hubiera podido imaginar que el incremento tan sustancial de los efectivos militares —que, según se pretende, guardan relación con esta resolución del Consejo que acabo de citar— sería materia que tendría algo que ver con la vigilancia de la aplicación de esa resolución, y hubieran imaginado que los miembros del Consejo —transcurridos ya dos meses desde la aprobación de la Resolución 665 (1990) y en momentos en que se discute ante las cámaras de televisión cómo sería el comienzo de la guerra, quién la autorizaría y cómo tomaría la decisión— habríamos recibido aunque sea el primero de aquellos informes que quienes votaron en favor de esa resolución —todo el Consejo, legalmente hablando— habíamos decidido que serían presentados, ya que se suponía que este órgano ejerce una vigilancia permanente sobre la aplicación de dicha resolución. Seguramente habrá que agradecer al distinguido representante de los Estados Unidos la cortesía y la prudencia que ha mantenido para evitar desviar la atención de los miembros del Consejo de las importantes disquisiciones metafísicas que atrajeron tanto nuestra atención en días recientes.

Resultado de aquellas negociaciones fue la resolución que el Consejo ha aprobado hace algunos instantes. Al respecto, mi delegación desea hacer algunos comentarios.

En primer lugar, resulta obvio el derecho de Kuwait a reclamar como consecuencia de los daños y perjuicios causados por la invasión y la ocupación de su territorio. Este Consejo ha definido y ha reiterado su criterio respecto de quién es el agresor y quién es la víctima. No se requería, por lo tanto, de otra resolución de este Consejo para afirmar esos derechos inmanentes que posee la víctima de la agresión, en este caso Kuwait.

Pero realmente no era eso lo que se buscaba con la resolución recién aprobada. A juicio de nuestra delegación, lo que sí se buscaba era alejar las posibilidades de arreglo para el conflicto existente en aquella región y hacer más difícil la misión del secretario general. Esta mañana se ha hecho referencia en más de una ocasión a las circunstancias del sábado pasado y a la prudente decisión de todos de esperar algunos días antes de someter este texto a votación.[42] Habría que preguntarse si existía alguna relación entre la votación de este proyecto y algunas gestiones de buenos oficios o algunas gestiones de paz; habría que preguntarse cómo interpreta el Consejo su propia acción al decidir hoy aprobar la resolución y con ella, entre otras cosas, encomendarle a nuestro propio secretario general que emprenda y lleve a cabo gestiones semejantes.

Con este texto se busca además, a nuestro juicio, atribuir al Consejo de Seguridad tareas que no le corresponden y, al mismo tiempo, permitir que el Consejo no cumpla obligaciones que sí tiene. Realmente, ante todo habría que señalar que el Capítulo 7 de la Carta, bajo el cual se aprueba esta resolución, no confiere al Consejo de Seguridad autoridad alguna en cuestiones judiciales ni en materias propias de tribunales. Ni ese capítulo ni ningún otro capítulo de la Carta otorgan al Consejo de Seguridad tales funciones. Este Consejo no tiene, según la Carta, atribuciones como tribunal para adjudicar responsabilidades ni para determinar reparaciones o restituciones. La única referencia a estas materias que se hace en la Carta aparece en el Artículo 92, que claramente define a la Corte Internacional de Justicia como el órgano judicial principal de esta Organización. Y la única referencia que se hace en toda la Carta al tema de reparaciones o restituciones aparece en el Artículo 36 del Estatuto de la Corte Internacional de Justicia, que —como espero que todavía recordemos los miembros del Consejo— forma parte integral de la propia Carta.[43] En el caso de que hubiera dudas en cuanto a las funciones y poderes de los distintos órganos creados por la Carta, ésta no le confiere autoridad alguna al Consejo para determinar, ni siquiera para discutir, las funciones y poderes de los órganos respectivos. Esas son atribuciones claramente conferidas a la Asamblea General, como dice explícitamente el Artículo 10 de la Carta de San Francisco, cuando señala entre las atribuciones de la Asamblea la de poder discutir cuestiones "que se refieran a los poderes y funciones de cualquiera de los órganos creados por esta Carta".

Habría que preguntarse además cuál es exactamente la función que el Consejo se atribuye en virtud del párrafo 2 de la parte dispositiva de la Resolución 674 (1990), al buscar acopiar información corroborada acerca de "graves transgresiones cometidas por el Iraq, según el párrafo 1 *supra*" y recibirla de los estados a quienes se invita a que nos la suministren. ¿Qué hará el Consejo con esa información? ¿Qué potestades se arroga? ¿Vamos a convertirnos en un tribunal de derecho, a pesar de que la Carta nos dice que no somos

Tropas norteamericanas con ciudadanos panameños capturados durante la invasión de diciembre de 1989. (Foto: AP/Wide World)

nosotros los que tenemos esa responsabilidad?

Si bien en los párrafos 8 y 9 de la Resolución 674 (1990) se hace referencia también al derecho internacional —lo cual los hace perfectamente contradictorios, puesto que entendemos que la Carta y el Estatuto de la Corte son parte del derecho internacional—, parece inferirse de ellos que también tendríamos atribuciones con relación a la adjudicación de responsabilidades respecto de resarcimiento o indemnización "como resultado de la invasión y de la ocupación ilegal de Kuwait por el Iraq".

El resultado de la invasión y de la ocupación ilegal de Kuwait es un concepto que puede tener muchas derivaciones. ¿Quiere esto decir acaso que se adjudicaría esa responsabilidad al Iraq y que éste tendría que aceptar el asumir los costos del despliegue militar que algunas potencias llevan a cabo en la región del Golfo? ¿Quiere esto decir que corresponden exclusivamente al Iraq las responsabilidades por aquellos daños que, vinculados con la crisis o con las decisiones que el Consejo ha adoptado para encarar la crisis, afectan a terceros estados? Según la letra del texto pudiera interpretarse así. ¿Quiere esto decir, entonces, que el Consejo de Seguridad declina el cumplimiento de su obligación conforme al Artículo 50 de la Carta? ¿Será por eso que en el primer párrafo del preámbulo de este texto, en el que se recuerdan una serie de resoluciones a partir de la 660 (1990), todas ellas relacionadas con el conflicto, faltó mencionar la Resolución 669 (1990),[44] la única que este Consejo ha adoptado hasta ahora relacionada con el cumplimiento de sus responsabilidades conforme al Artículo 50 de la Carta? ¿Es ésta una forma de decir que vamos a consagrar de modo formal la insensibilidad, la inercia de este Consejo respecto a las numerosas solicitudes de asistencia que le han presentado numerosos estados miembros de la Organización para atender a las adversas consecuencias que para ellos plantea el cumplimiento de la Resolución 661 (1990)?

Si es así, pensamos que el Consejo no solo pretende arrogarse atribuciones que no son suyas, sino que también indirectamente intenta eludir el cumplimiento de las que sí tiene y no debe declinar.

El párrafo 12 de esta resolución, que sigue a la letra B, en la parte dispositiva, se refiere al secretario general de nuestra Organización. Llama la atención, ante todo, la diferencia entre la redacción de este párrafo y el párrafo 7 de la parte dispositiva. En este último párrafo, cuando se refiere a "la seguridad y el bienestar de los nacionales de terceros estados en el Iraq y en Kuwait", el Consejo no duda en referirse al "ejercicio continuo de sus buenos oficios" del secretario general. Para esos fines, para esos intereses, para ocuparse de ese aspecto importante pero limitado de la cuestión sí podemos estar en condiciones de hablar de un ejercicio continuo de los buenos oficios del secretario general. Pero cuando se trata de examinar la posibilidad de lograr una solución pacífica de la crisis, cuando se trata de encarar el problema más de fondo o más cardinal, empleamos un lenguaje, por decir lo menos, extraño. Ante todo hablamos de que "Deposita su confianza en el secretario general". Desde luego que todos hemos depositado nuestra confianza en él, cuando lo elegimos, cuando lo reelegimos y a lo largo del desempeño de sus responsabilidades. Pero ahora lo hacemos no para que ejerza, y mucho menos continuadamente, sus buenos oficios, sino para que los ofrezca. Aparentemente, con eso se quiere indicar la renuncia de este Consejo a respaldar y estimular los esfuerzos que el propio secretario general ha estado realizando, incluso antes de que el Consejo se lo pidiera de un modo explícito. Pero de lo que se trataba realmente durante los últimos meses era de lograr que este Consejo, de modo claro, sin dudas, respaldase la posibilidad de gestión diplomática, de los esfuerzos en pro de la paz que el secretario general, estamos seguros, puede realizar.

Es curioso que hayamos tenido que enfrentar estas dificultades si recordamos otra de las resoluciones aprobadas por el Consejo, la 670 (1990), ésta sí, mencionada en el primer párrafo del preámbulo. En la Resolución 670 (1990), en uno de sus párrafos preambulares, se dijo lo siguiente:

"Acogiendo complacido la interposición de los buenos oficios del secretario general para promover una solución pacífica basada en las resoluciones pertinentes del Consejo de Seguridad y tomando nota con reconocimiento de los esfuerzos ininterrumpidos del secretario general con ese fin".

Habría que preguntarse, después de tanto esfuerzo para poder lograr que al menos se dijera lo que dice el párrafo 12 de la resolución aprobada hoy, si realmente este Consejo ha acogido complacido los esfuerzos que el secretario general ha estado haciendo respecto a esta crisis, y si realmente expresamos nuestro reconocimiento por esos esfuerzos ininterrumpidos que señalábamos el 25 de septiembre, hace apenas un mes.

Mi delegación desea reiterar su plena confianza en el secretario general, su confianza no solo en su sensibilidad y en su conciencia de diplomático eminente, de ciudadano digno de este planeta, de hombre responsable que ha hecho y, estamos seguros, estaría en disposición de continuar haciendo, cuanto pueda para lograr que prevalezca la paz y que se logre la puesta en práctica de las resoluciones de este Consejo de forma pacífica.

Lamentamos que el Consejo de Seguridad no haya estado en condiciones de expresar de un modo más claro y menos dubitativo este reconocimiento y este respaldo. Aun así seguimos confiando en él, seguimos confiando en su capacidad y en su voluntad, ya que, entre otras cosas, tiene que arrostrar no solo las tremendas complejidades del problema que estamos examinando, sino la peculiar manera de este órgano de abordarlo.

En nuestra opinión esta resolución, a pesar de que contiene al menos, aunque sea de un modo limitado, ese elemento positivo en cuanto a las gestiones del secretario general, es en su conjunto otro paso más en dirección hacia la guerra. En este caso, incluso se podría estar tratando de manipular los esfuerzos de paz, como de hecho ha ocurrido en el largo período de negociaciones entre los que originalmente eran dos textos separados. Es también un paso por un camino que consideramos inaceptable, al atribuirle a este órgano funciones que no le corresponden y que no tiene derecho alguno a asumir, aunque en un momento determinado mayorías transitorias permitan reunir los votos necesarios para reinterpretar la Carta y para que este Consejo se adjudique a sí mismo responsabilidades que la Carta no le ha otorgado.

Por otra parte, pensamos que, desde el punto de vista político y moral, el Consejo de Seguridad —y en especial algunos de los patrocinadores de esta resolución— no está en las mejores condiciones para entrar en materias como las que trata la Resolución 674 (1990).

En alguna ocasión los puertos nicaragüenses fueron minados, se lanzó una guerra sucia contra Nicaragua y este estado miembro de la Organización recurrió al más alto tribunal de las Naciones Unidas —y ese, sí, es el tribunal nuestro: la Corte Internacional de Justicia. Y el tribunal adjudicó responsabilidades y tomó decisiones que el principal proponente de esta resolución jamás respetó o acató.[45]

Durante 23 años, los territorios de Palestina son ocupados por una potencia extranjera. Muy pronto —esperamos— volveremos a examinar un informe sobre la situación prevaleciente en ese país ocupado, con el objeto de ver qué podemos hacer para proteger la vida de sus habitantes. Me pregunto si en ese momento alguien va a recordar la necesidad de convertirnos en tribunal o si volveremos a adoptar la tradicional parsimonia de este Consejo frente a la ocupación de Palestina. ¿Es que una ocupación y sus dramáticas consecuencias para el pueblo ocupado dejan de ser violaciones del derecho porque se extiendan durante 23 años? ¿Es permisible la violación del derecho internacional? ¿Es normal la inacción frente a sus dramáticos efectos sobre el pueblo víctima de la agresión simplemente porque el agresor haya podido burlar a la comunidad internacional durante 23 años?

Todavía no se sabe el número de muertos provocado por la invasión norteamericana a Panamá ni las consecuencias que para muchos ciudadanos de aquel país tuvo y tiene aún aquella agresión. ¿Podemos aún confiar en que, en algún momento, este Consejo pueda pronunciarse frente a aquel artero ataque militar o pueda preocuparse por las consecuencias que para su población tuvo y aún tiene?

Se ha hablado —y nos parece que es legítimo— de la preocupación que en todos deben producir las violaciones que el ocupante pueda estar cometiendo contra la población kuwaití, las violaciones de sus derechos individuales y sus derechos humanos, de sus derechos de propiedad, de su derecho a vivir en paz y tranquilidad en su propio país. Nos parece que esa preocupación es legítima. Pero es y debe ser legítima en todos los casos en que el derecho internacional es violado y en que se cometen agresiones contra los pueblos.

Son muchos miles los niños angolanos que sufren las consecuencias irreparables de las minas antipersonales que las bandas armadas, financiadas, organizadas y equipadas por los Estados Unidos han sembrado en su país. No es difícil encontrar los datos; si el Consejo desea recoger esa información, ésta existe, es bien conocida; las cifras son impresionantes como impresionantes son las terribles consecuencias que para las futuras generaciones de ese pueblo tendrá la guerra que le ha sido impuesta desde el extranjero con el apoyo y la promoción de una gran potencia, miembro permanente de este órgano.

Serían interminables las referencias que habría que hacer para volvernos a encontrar una vez más frente a un ejemplo de inconsistencia de este Consejo, al que todos solemos llamar con frecuencia —en esa tendencia a repetir calificativos comunes— "augusto órgano". "Augusto", nos resulta un término apropiado para este Consejo porque más de una vez notamos cierto aire imperial en el modo en que se pretende utilizarlo y manejarlo. Pero nosotros pensamos que este Consejo, que justamente repudia la agresión contra Kuwait, que justamente demanda el retiro inmediato e incondicional de las tropas que ocupan ese país, que proclama su respaldo a la independencia, a la soberanía y la integridad territorial de ese estado, o que se ha pronunciado con toda justeza en contra de la pretensión de anexarlo, o en contra de algunas acciones ilegales cometidas por el Iraq contra misiones diplomáticas o contra extranjeros residentes en Kuwait y en el Iraq, no puede ni debe, al tiempo que mantiene esa línea justa respecto a los principios, actuar de un modo como si nos fuera permitido aceptar la imposición de criterios y de estrategias diseñados solo para el beneficio de algunas grandes potencias. Y nos parece que, en la medida en que lo hacemos, nos alejamos cada vez más de lo que es nuestra obligación fundamental de preservar la paz y nos podemos acercar, incluso de modo inadvertido, sin saberlo, sin que nadie nos lo comunique —a pesar de todas las resoluciones de este augusto órgano— a una guerra que no debiéramos permitir, que mucho menos debiéramos propiciar y que tenemos la obligación de trabajar para evitar.

9

*'Tuvimos el honor
de ser el único país
que votó en contra'*

'Hemos hecho muchas gestiones por una solución política y no una solución militar'

Fidel Castro, 28 de septiembre de 1990

El siguiente es un fragmento del discurso pronunciado por Fidel Castro en el acto conmemorativo del trigésimo aniversario de los Comités de Defensa de la Revolución en La Habana.

No es poco lo que nos hemos preocupado en estos días por la suerte, ya no nuestra, sino de decenas y decenas de países del tercer mundo. En las Naciones Unidas ustedes habrán podido apreciar el comportamiento de nuestra representación en el Consejo de Seguridad, a raíz de la crisis del Golfo Arábigo-Pérsico. Nos ha tocado el privilegio de poder actuar allí con un desinterés total, con una dignidad total y con un espíritu de justicia total, y hemos hecho extraordinarios esfuerzos por la paz, para encontrar una solución al problema sin guerra pero una solución justa.

Nosotros no tuvimos ninguna vacilación en rechazar y condenar la ocupación de Kuwait y la anexión de Kuwait, a partir de principios y de consideraciones sobre las normas de derecho internacional que estimamos deben regir en nuestro mundo y, por tanto, no tuvimos ninguna vacilación en apoyar las resoluciones que condenaban aquellas acciones que eran, a nuestro juicio, violatorias del derecho internacional.

Pero a la vez nos hemos opuesto con energía a todo lo que hemos considerado injusto, y una de las cosas más injustas es el intento de rendir a todo un pueblo por hambre, que a eso equivale el bloqueo. Primero luchamos mucho porque del bloqueo se excluyeran los alimentos y las medicinas, porque si condenable es la práctica de tener rehenes o convertir en rehenes a un número de personas inocentes, contra lo cual estamos y a lo que siempre nos opondremos, es más cruel todavía tratar de matar por hambre a millones de mujeres, ancianos y niños para conseguir un objetivo determinado. Y ese bloqueo no afecta fundamentalmente a las fuerzas militares, sino a la población civil y, dentro de la población civil, a millones de mujeres, ancianos y niños, y es repugnante; y eso es lo que ha querido Estados Unidos, y lo ha demostrado allí, frente a los esfuerzos de Cuba por definir bien y por tratar de que la excepción de alimentos y medicinas se aplique.

Estados Unidos ha estado ideando procedimientos que hacen prácticamente imposible el envío de alimentos y medicinas. Para que ustedes vean cómo por un lado se habla de derechos humanos, se habla en nombre de determinados principios y, por otro lado, se aplican fórmulas increíblemente crueles y repudiables.

A eso nos hemos opuesto categóricamente, del mismo modo que no votamos por el bloqueo, porque sabíamos lo que venía detrás de eso. Apenas se adopta la resolución sobre el bloqueo en Naciones Unidas, Estados Unidos unilateralmente decide establecer un bloqueo naval por su cuenta, sin autorización de Naciones Unidas. Pero después ocurrió algo verdaderamente bochornoso, que fue la resolución en que el Consejo de Seguridad consagra la medida de bloqueo unilateral por parte de Estados Unidos, y nos opusimos.

Creo que fue un día vergonzoso, un día deshonroso para

el Consejo de Seguridad, ése en que consagraron la acción militar unilateral de Estados Unidos. Desde ese momento se veía claro que Estados Unidos llevaba la batuta en el Consejo de Seguridad.

Ahora acordaron en el bloqueo aéreo y Cuba votó en contra; ¡fue el único país! ¡Hemos tenido el honor y la gloria de ser el único país! La historia se encargará de consignar el honor, la dignidad y el valor con que actuó Cuba en ese momento tan importante de la vida de la humanidad. Hacía falta tener una posición firme y no nos abstuvimos, ¡votamos en contra! Y votaremos en contra de todo aquello con lo que no estemos de acuerdo, aunque seamos los únicos.

Varias de las resoluciones acordadas en el Consejo de Seguridad conducen a la guerra, y nosotros hemos luchado por

Manifestación en Seattle, septiembre de 1990, una de las muchas protestas realizadas en Estados Unidos en oposición a las maniobras de guerra de Washington en el Oriente Medio. En la pancarta se lee, "Que retornen las tropas". (Foto: Margarita Kurtz/Militant)

la paz en el Consejo de Seguridad. Y no solo allí, en todas partes, porque son muchas las gestiones silenciosas, calladas que hemos hecho para buscar una solución política al conflicto y no una solución militar; nos hemos movido, hemos hecho uso de nuestras relaciones con muchos países, tratando de obtener este objetivo.

Una solución política, a nuestro juicio, implica necesariamente el cese de la ocupación de Kuwait y el restablecimiento de la soberanía de ese país. En esto no tenemos dudas de ninguna clase y tenemos una línea de principio, una línea recta, una línea clara.

Creemos que debe haber garantía para todos los países de la región; y creemos que si las Naciones Unidas es capaz de lograr una solución política, podría también desarrollar fórmulas de garantía para todos los países de la región con la retirada de las tropas iraquíes a su frontera, a su territorio, y con la retirada de las tropas de Estados Unidos y de la OTAN [Organización del Tratado del Atlántico Norte], de la región del Golfo Arábigo-Pérsico.

No obtener una solución política sería una derrota de la humanidad, y nosotros hemos apostado por esa solución política, hemos trabajado y trabajamos, aunque conscientes de que queda cada vez menos tiempo. Y lo hacemos no solo por la vocación política de nuestro pueblo, de nuestra revolución, no solo por el cumplimiento del deber internacional, es que duele mucho, realmente, ver cómo avanza una catástrofe para el mundo y que no se pueda impedir. Y aquí no se trata de una catástrofe de armas nucleares, ¡no!, aunque nadie sabe lo que pase allí; si se usan armas químicas y armas nucleares nadie siquiera lo puede garantizar.

Pero esa guerra no solo costaría muchas vidas allí, en el campo de batalla; esa guerra sería una catástrofe para la economía internacional, especialmente para la economía de los países que tienen que desarrollarse, para la economía de los países del tercer mundo no petrolero, que son la inmensa mayoría. Del mismo modo que algunos países van a nadar en dinero, otros van a nadar en miseria, sacrificios, sufrimientos de todo tipo. Por cada vida que se pierda en los campos de batalla en el Golfo Arábigo-Pérsico, mil personas se morirán de hambre en el tercer mundo. Ese destino sería inexorable.

El estallido de un conflicto en el Golfo Arábigo-Pérsico, la solución militar, aparte de todos los riesgos que entraña de convertirse, tal vez, en una guerra química y quién sabe si una guerra con uso táctico de armas nucleares, puede producir una destrucción incalculable, no solo de vidas, sino de recursos energéticos que son, hoy por hoy, el talón de Aquiles de la economía internacional y de la economía de los países del tercer mundo.

Si a la enorme deuda de más de un millón de millones de dólares, a estos países se les suma ahora un petróleo a 60 y 70 dólares [por barril], ya ustedes podrán imaginarse la catástrofe. Esto ha sido un motivo más para que hayamos multiplicado nuestros esfuerzos en favor de la paz, en el Consejo de Seguridad y en todas partes.

Puede decirse que Estados Unidos y los occidentales han estado apostando a la guerra, una guerra que, incluso, produciría consecuencias bastante negativas para la economía de los países desarrollados y para la propia economía de Estados Unidos. Estoy seguro de que si fueran capaces de pensar con serenidad, se persuadirían de que la guerra es la peor de las soluciones para resolver ese conflicto; que ese conflicto puede y debe resolverse políticamente. Y varias de las resoluciones tomadas por el Consejo de Seguridad, en vez de facilitar el camino de la solución política, lo han alejado, lo han complicado.

En la ONU, también en este momento, nuestro país ha librado una gran lucha, no solo pensando en nuestros intereses —sí, nuestros propios intereses están envueltos en este problema—, sino pensando en los intereses de todo el mundo y, fundamentalmente, en los intereses de los pueblos del tercer mundo. Seguiremos librando esa honrosa y a veces solitaria batalla, pero, ¡no vacilaremos, no claudicaremos, no retrocederemos!

Notas

1. Los miembros del Consejo de Seguridad al momento de la invasión del gobierno iraquí sobre Kuwait eran los cinco miembros permanentes con derecho a veto —Inglaterra, China, Francia, Unión Soviética y Estados Unidos— y diez países miembros no permanentes, cada uno elegido para un período de dos años —Canadá, Colombia, Cuba, Etiopía, Finlandia, Costa de Marfil, Malaysia, Rumania, Yemen y Zaire.

2. El Artículo 39 de la Carta de la ONU establece que el "Consejo determinará la existencia de toda amenaza a la paz" y "decidirá qué medidas serán tomadas". El Artículo 40 señala que estas medidas podrán incluir "medidas provisionales", las cuales "no perjudicarán los derechos, las reclamaciones o la posición de las partes interesadas".

3. La Liga Árabe es una asociación de 20 gobiernos y la Organización para la Liberación de Palestina. La liga fue fundada en 1945 para fomentar la unidad y la acción común entre los gobiernos de los países cuyas poblaciones son predominantemente árabes.

4. El Movimiento de Países No Alineados, fundado en 1961, agrupa a más de cien gobiernos y movimientos de liberación nacional en el mundo colonial y semicolonial.

5. El Artículo 51 de la Carta de la ONU determina, "Ninguna disposición de esta Carta menoscabará el derecho inmanente de legítima defensa, individual o colectiva, en caso de ataque armado contra un miembro de las Naciones Unidas, hasta tanto que el Consejo de Seguridad haya tomado las medidas necesarias para mantener la paz y la seguridad internacionales".

6. El Capítulo 7 de la Carta de la ONU va de los artículos 39 a 51 inclusive, y se titula, "Acción en caso de amenazas a la paz, quebrantamientos de la paz o actos de agresión".

7. La presidencia del Consejo de Seguridad se ejerce por un período de un mes. En agosto la desempeñó Rumania, cuyo embajador ante Naciones Unidas es Aurel Manteanu.

8. El 5 de agosto de 1990, el día anterior a la declaración de Alarcón, Washington envió un contingente aéreo de 255 infantes de marina a Monrovia, Liberia —devastada por una guerra civil— declarando que permanecerían "el tiempo que sea necesario para asegurar la seguridad" de los ciudadanos norteamericanos.

9. Respaldadas por Washington, las tropas del régimen sudafricano del apartheid invadieron Angola en 1975. No obstante, su intento de derrocar al gobierno del nuevo estado independiente fue bloqueado gracias a la ayuda de tropas voluntarias cubanas. El gobierno sudafricano continuó su guerra contra Angola hasta 1988, cuando su ejército fue derrotado de forma decisiva por las tropas cubanas, angolanas y namibias en la batalla de Cuito Cuanavale.

10. Las tropas israelíes han ocupado el sur de Líbano desde la invasión que lanzaron en marzo de 1978; han realizado muchas otras operaciones militares por todo el territorio libanés. Poco después de la invasión de 1978, se estacionó una misión observadora de la ONU en el sur de Líbano.

11. Tropas norteamericanas invadieron Panamá el 20 de diciembre de 1989, instalando a Guillermo Endara como el nuevo presidente del país ese mismo día. Endara fue juramentado en Fort Clayton, una base militar norteamericana en la zona del canal.

12. Los cuatro miembros del Consejo de Seguridad cuyos representantes votaron en contra de la resolución fueron Inglaterra, Canadá, Francia y Estados Unidos.

13. El mensaje que sigue fue enviado a los gobiernos de la Unión Soviética, China, India y Yugoslavia, a la Liga Árabe, a la Organización de la Unidad Africana y a los miembros de la Asamblea General de la ONU.

14. El Artículo 42 de la Carta de la ONU establece que cuando otras medidas han demostrado ser inadecuadas, el Consejo de Seguridad puede recurrir a la fuerza armada para "mantener o restablecer la paz y la seguridad internacionales".

15. La *intifada* es el levantamiento mantenido desde diciembre de 1987 por los palestinos y sus partidarios contra el dominio israelí

sobre los territorios ocupados.

16. En octubre de 1983, el gobierno norteamericano invadió y ocupó Granada y se dio a la tarea de revertir por la fuerza los logros de la revolución de 1979 en ese país. Dos semanas antes del ataque norteamericano, el Gobierno Revolucionario Popular de Granada, encabezado por Maurice Bishop, había sido derrocado por un golpe contrarrevolucionario dirigido por el vice-primer ministro Bernard Coard.

17. El 14 de abril de 1986, aviones de guerra norteamericanos bombardearon centros civiles en Libia. Uno de sus principales objetivos era la casa del presidente libio Muammar al-Gadafi. Una hija de Gadafi fue asesinada en el bombardeo.

18. En octubre de 1962, el gobierno norteamericano bloqueó a Cuba amenazándola con la aniquilación nuclear si los misiles soviéticos —instalados en la isla a pedido de Cuba para defenderse de ataques norteamericanos— no eran retirados. El gobierno soviético, sin consultar con el gobierno cubano, aceptó el retiro de los misiles.

19. El documento referido fue preparado por el Centro Internacional contra el Apartheid con sede en Londres.

20. Al día siguiente, 10 de agosto, los representantes de la Liga Árabe se reunieron en El Cairo, Egipto. Se aprobó una resolución, apoyada por los delegados de 12 gobiernos, a favor del envío de tropas para que se unieran a las de Estados Unidos y de sus aliados en Arabia Saudita y en otros estados del Golfo Arábigo-Pérsico. Otras delegaciones votaron contra la resolución, se abstuvieron o votaron a favor con reservas.

21. El 17 de agosto, una reunión informal de los miembros del Consejo de Seguridad, convocada a pedido de Inglaterra, consideró la cuestión de los ciudadanos de terceros países dentro de Iraq y Kuwait.

22. En 1942, tras el ingreso de Estados Unidos en la segunda guerra mundial, 112 mil personas descendientes de japoneses que vivían en la costa oeste de Estados Unidos fueron trasladados a campos de concentración. La acción se realizó siguiendo una orden ejecutiva, y a los que fueron puestos en prisión —incluso los que eran ciudadanos norteamericanos— se les negó el derecho a un recurso legal garantizado en la constitución. No fue sino hasta 1988, por orden

del Congreso, que el gobierno norteamericano finalmente ofreció disculpas por su brutal acción, y ofreció compensaciones nominales a las víctimas sobrevivientes.

23. Después de la invasión de Panamá en diciembre de 1989, las tropas norteamericanas bloquearon la embajada cubana, establecieron un cordón militar alrededor de la Nunciatura Papal, y violaron la residencia del embajador de Nicaragua.

24. El Artículo 41 de la Carta de la ONU le da poderes al Consejo de Seguridad, con el fin de asegurar el cumplimiento de sus decisiones, para decidir "medidas que no impliquen el uso de la fuerza armada" —tales como embargos económicos, de transporte y de comunicaciones— y recurrir a los otros miembros de la ONU para asegurarse de que se cumplan tales medidas.

25. El Comité de Estado Mayor fue establecido por la Carta de la ONU para organizar el cumplimiento, sobre la base de la fuerza militar, de las decisiones del Consejo de Seguridad. Está compuesto de los jefes de estado de las cinco potencias que mantienen poder permanente de veto en el Consejo. Jamás se ha puesto a fuerzas de la ONU bajo su comando.

26. El Artículo 43, párrafo 1, de la Carta establece que, ante solicitud del Consejo de Seguridad, todos los miembros de Naciones Unidas pondrán a su disponibilidad las fuerzas armadas necesarias para mantener "la paz y la seguridad internacionales".

El Artículo 46 determina que el Consejo de Seguridad, auxiliado por el Comité de Estado Mayor, controlará el uso de la fuerza armada para el cumplimiento de sus decisiones.

El Artículo 47, párrafo 1, describe las funciones del Comité de Estado Mayor.

Según el Artículo 48, párrafo 1, el Consejo de Seguridad determina cuáles de sus miembros participarán en la tarea de hacer cumplir las decisiones del Consejo.

27. Al comienzo de la guerra de Corea (1950–53), el Consejo de Seguridad adoptó varias resoluciones instando a los países miembros a brindarle asistencia militar a Corea del Sur, y estableció un comando unificado cuyo comandante sería designado por Estados Unidos. El comando unificado autorizó el uso de la bandera de la ONU. Las fuerzas estarían bajo el mando de Estados Unidos. Otros

15 países miembros enviaron contingentes armados para unirse a las fuerzas de Washington.

En 1950, cuando las resoluciones fueron adoptadas, la Unión Soviética estaba boicoteando las reuniones del Consejo de Seguridad en protesta por la negativa de la ONU de otorgarle un puesto a la República Popular China. La Unión Soviética y numerosos otros miembros de la ONU siempre han refutado la legitimidad de la aseveración de que las tropas en Corea que se hallaban bajo el comando norteamericano fuesen fuerzas de la ONU.

28. La Cuarta Convención de Ginebra, parte de un tratado internacional acordado en 1949, se refiere a la protección de las poblaciones civiles durante una guerra. Uno de sus estatutos prohibe la toma de rehenes.

29. La presidencia del Consejo de Seguridad para el mes de septiembre la ejerció la Unión Soviética, cuyo embajador era Yuliy Vorontsov.

30. El comité de sanciones, encabezado por Marjatta Rasi de Finlandia y compuesto por todos los miembros del Consejo de Seguridad, fue establecido por la Resolución 661 (1990) con el fin de supervisar la ejecución del embargo comercial contra Iraq.

31. El Artículo 50 establece que "Si el Consejo de Seguridad tomare medidas preventivas o coercitivas contra un estado, sea o no miembro de las Naciones Unidas, que confrontare problemas económicos especiales originados por la ejecución de dichas medidas tendrá el derecho de consultar al Consejo de Seguridad acerca de la solución de esos problemas".

32. Entre el 1 y el 6 de septiembre, seis vuelos partieron de Bagdad, capital iraquí, evacuando de Iraq a unos mil ciudadanos de Estados Unidos, Japón y de varios países europeos.

33. En una sesión especial sobre el apartheid celebrada del 13 al 14 de diciembre de 1989, la Asamblea General de la ONU aprobó unánimemente una resolución estableciendo los lineamientos para la transición de Sudáfrica hacia una democracia no racial.

34. La Resolución 418 (1977) del Consejo de Seguridad estableció contra Sudáfrica un embargo obligatorio de armas. La Resolución 421 (1977) estableció un comité compuesto por todos los miembros del Consejo para supervisar la implementación del embargo.

35. El Artículo 25 establece, "Los miembros de las Naciones Unidas convienen en aceptar y cumplir las decisiones del Consejo de Seguridad de acuerdo con esta Carta".

36. El Artículo 48 establece que "La acción requerida para llevar a cabo las decisiones del Consejo de Seguridad... será ejercida por todos los miembros de las Naciones Unidas o por algunos de ellos, según determine el Consejo de Seguridad".

37. Según el Artículo 103, las obligaciones contraídas por los miembros de la ONU de acuerdo a su Carta prevalecerán sobre las obligaciones contraídas bajo cualquier otro convenio internacional.

38. UNIIMOG son las siglas del Grupo de Observadores Militares de Naciones Unidas para Irán e Iraq, que está estacionado en la frontera entre Irán e Iraq.

39. Esta es una referencia a la Convención sobre la Aviación Civil Internacional, firmada en Chicago, el 7 de diciembre de 1944.

40. La sesión del 25 de septiembre del Consejo de Seguridad estuvo presidida por Eduard Shevardnadze, ministro de relaciones exteriores de la Unión Soviética.

41. En agosto de 1974, el gobierno turco invadió Chipre y dividió la isla. En 1983 estableció en el norte un régimen aparte bajo su dominio.

42. El sábado 27 de octubre, el Consejo de Seguridad decidió posponer el voto en torno a esta resolución. El representante de la Unión Soviética había solicitado que se pospusiera porque un emisario del presidente soviético Mijaíl Gorbachov se encontraba en Bagdad para reunirse con autoridades del gobierno iraquí.

43. La Corte Internacional de Justicia, conocida también como la Corte Mundial, tiene su sede en La Haya, Holanda. El Artículo 92 de la Carta sostiene, "La Corte Internacional de Justicia será el órgano judicial principal de las Naciones Unidas". El Artículo 36 declara que "el Consejo de Seguridad podrá... recomendar los procedimientos o métodos de ajuste que sean apropiados". Estas recomendaciones, "deben ser sometidas por las partes a la Corte Internacional de Justicia".

44. La Resolución 669 (1990) fue aprobada el 24 de septiembre por el Consejo de Seguridad. En ella se lee:

"*El Consejo de Seguridad,*
"*Recordando* su Resolución 661 (1990), de 6 de agosto de 1990,
"*Recordando también* el Artículo 50 de la Carta de las Naciones Unidas,
"*Consciente* del hecho de que se ha recibido un número cada vez mayor de peticiones de asistencia con arreglo a las disposiciones del Artículo 50 de la Carta de las Naciones Unidas:
"*Recomienda* al comité establecido en virtud de la Resolución 661 (1990) relativa a la situación entre el Iraq y Kuwait la tarea de examinar las peticiones de asistencia recibidas con arreglo a las disposiciones del Artículo 50 de la Carta de las Naciones Unidas y de formular recomendaciones al presidente del Consejo de Seguridad para que adopte las medidas que corresponda".

45. En febrero de 1984, el gobierno de Estados Unidos comenzó a minar los puertos nicaragüenses. El gobierno de Nicaragua protestó dichas acciones y llevó su caso ante la Corte Internacional de Justicia. En mayo de 1984, la Corte dictaminó que Estados Unidos "debe cesar y abstenerse de incurrir en actos que restrinjan, bloqueen o pongan en peligro la entrada y salida de los puertos nicaragüenses, y, en particular, la colocación de minas".

En junio de 1986, la Corte dictaminó que Estados Unidos se hallaba "bajo la obligación de indemnizar" a Nicaragua, decisión que Washington rechazó.

Cronología

17 y 18 de julio de 1990 – El presidente iraquí Saddam Hussein acusa a Kuwait y a los Emiratos Árabes Unidos de inundar el mercado petrolero internacional y provocar la baja de precios, causándole a Iraq la pérdida de 14 mil millones de dólares en ingresos por petróleo no percibidos; acusa también a Kuwait de robar 2.4 mil millones de dólares en petróleo iraquí de los pozos en los yacimientos de Rumaíla, localizados en la debatida zona fronteriza entre ambos países.

Kuwait rechaza los reclamos iraquíes sobre las islas kuwaitíes de Bubián y Warbah —cercanas a su costa en el Golfo Arábigo-Pérsico— cuyo control le daría a Iraq fácil acceso al mar.

25 de julio – La embajadora norteamericana en Iraq, April Glaspie, se reúne con el presidente Hussein y explica, "No guardamos ninguna opinión sobre los conflictos de árabes con árabes, como su desacuerdo limítrofe con Kuwait… Si no podemos encontrar una solución, será natural entonces que Iraq no aceptará la muerte".

1 de agosto – Después de una sesión, Iraq suspende las negociaciones con Kuwait en Jeddah, Arabia Saudita, en torno a las cuotas de extracción de petróleo y a las disputas limítrofes.

2 de agosto – Las tropas iraquíes invaden Kuwait y ocupan la capital, ciudad Kuwait. El emir de Kuwait, jeque Jaber al-Ahmed al-Sabah, huye a Arabia Saudita y establece su gobierno en el exilio. El Gobierno Provisional Libre de Kuwait anuncia por la radio iraquí que ejerce un control total.

El presidente norteamericano George Bush firma mandatos ejecutivos prohibiendo el comercio norteamericano con Iraq, excepto para ayuda con fines humanitarios como los suministros médicos, y congelando 30 mil millones de dólares en bienes iraquíes y kuwaitíes. Siguiendo su ejemplo, la Cámara de Representantes vota 416 a 0, a favor de imponer sanciones contra Iraq.

Reunidos en Estados Unidos, Bush y la primera ministra británica Margaret Thatcher hacen un llamado para que se impongan sanciones económicas a Iraq.

Inglaterra y Francia congelan los bienes kuwaitíes. La Comunidad Económica Europea (CEE) —compuesta por 12 miembros— condena unánimemente la invasión iraquí. La Unión Soviética suspende la venta de armas a Iraq.

Los oficiales norteamericanos ordenan a una flota de siete buques de guerra, dirigida por el portaviones *USS Independence*, navegar hacia el Golfo Arábigo-Pérsico desde el Océano Indico, y ordena el traslado del portaviones *USS Eisenhower* y su flota de 12 buques de guerra al este del Mar Mediterráneo.

El Consejo de Seguridad de la Organización de Naciones Unidas (ONU) —compuesto por 15 miembros— vota 14-0-1 por la **Resolución 660** condenando la invasión iraquí de Kuwait y llama a Iraq a retirarse incondicionalmente. El representante de Yemen se abstiene.

El presidente de Cuba Fidel Castro envía una carta al Movimiento de Países No Alineados, instando a recurrir a los esfuerzos diplomáticos para encontrar una solución pacífica y advierte sobre el peligro de la intervención norteamericana.

Los funcionarios norteamericanos instan a Israel a no desempeñar ningún papel público en la situación que comienza a desarrollarse. El ministro de defensa israelí Moshé Arens exige sanciones contra Iraq.

Inglaterra anuncia el envío de dos fragatas al Golfo, que se unirán al destructor *HMS York* y a otros tres buques de guerra ya estacionados en la zona.

3 de agosto – Los representantes de los 21 miembros de la Liga Árabe se reúnen en El Cairo, Egipto. Catorce delegaciones votan a favor de que se exija el retiro inmediato de las tropas iraquíes.

El secretario de estado de EE.UU. James Baker y el ministro de relaciones exteriores soviético Eduard Shevardnadze emiten una declaración conjunta en Moscú, haciendo un llamado para una suspensión mundial del envío de armas a Iraq.

Japón, Alemania, Bélgica, Italia y Holanda congelan los bienes iraquíes y kuwaitíes.

A pesar de abastecimientos que casi alcanzan niveles mundiales récord, los precios del petróleo inician una espiral ascendente. Comenzando en 20.40 dólares por barril unos días antes de la invasión de Kuwait, los precios llegan a casi el doble en las seis semanas que le siguen. Por cada incremento de un dólar por barril, se extraen 21 mil millones de dólares de los bolsillos del pueblo trabajador a nivel mundial.

4 de agosto – La CEE impone sanciones económicas a Iraq, que incluyen la prohibición de las importaciones de petróleo iraquí.

En Bagdad, se anuncia por televisión la formación de un nuevo gobierno kuwaití: nueve hombres identificados como oficiales militares kuwaitíes.

5 de agosto – Bush envía al secretario de la defensa Richard Cheney a Arabia Saudita para reunirse con el rey Fahd, quien acepta, por primera vez en la historia, que las tropas norteamericanas establezcan bases en Arabia Saudita.

Un contingente de 255 infantes de marina norteamericanos desembarcan en Monrovia, Liberia, supuestamente para proteger a los ciudadanos norteamericanos en medio de la guerra civil.

Japón le impone sanciones económicas a Iraq, entre ellas la prohibición de las importaciones de petróleo. China suspende la venta de armas a Iraq.

6 de agosto – El portaviones *USS Saratoga* —acompañado por su flotilla con 2 100 infantes de marina, el acorazado *USS Wisconsin*, cruceros equipados con misiles dirigidos y por submarinos de combate—zarpa de Norfolk, Virginia, hacia el este del Mar Mediterráneo donde se debe unir al portaviones *Eisenhower*. Los buques transportan aviones de combate F-14, aviones caza F-18, y misiles cruceros Tomahawk.

Funcionarios norteamericanos e ingleses dicen que están listos para organizar un bloqueo naval de Iraq para hacer cumplir las sanciones económicas de la ONU.

Inglaterra y Francia envían más fuerzas navales a la región.

El Consejo de Seguridad adopta la **Resolución 661**, 13-0-2, imponiendo un embargo económico contra Iraq, la tercera vez en la historia del Consejo que adopta acción semejante. La ayuda humanitaria en forma de alimentos y medicinas es exenta. Cuba denuncia las maniobras de guerra de Estados Unidos. Cuba y Yemen emiten los dos votos de abstención. Embargos menos severos fueron adoptados contra Rhodesia del Sur (hoy Zimbabwe) en 1967 y contra Sudáfrica en 1977.

7 de agosto – La Operación Escudo del Desierto comienza con la orden de enviar miles de paracaidistas, una brigada blindada y aviones de combate norteamericanos a Arabia Saudita. Fuerzas de despliegue rápido ligeramente equipadas de la 82ª División Aerotransportada y de otras unidades comienzan a desembarcar el mismo día, en lo que rápidamente se convierte en la movilización militar norteamericana más extensa desde la guerra de Vietnam y en el puente aéreo más grande desde la segunda guerra mundial. También serán enviadas una brigada de la 24ª División de Infantería Mecanizada y otras unidades de la 101ª División Aerotransportada equipada con helicópteros. Egipto permite el tránsito por el Canal de Suez, cuando se le ordena a la flota de guerra del *Eisenhower* trasladarse al Mar Arábigo.

Castro envía una carta a los jefes de estado árabes previniéndoles de los peligros de la intervención norteamericana.

El presidente turco Turgut Özal dice que Turquía hará cumplir las sanciones y evitará que barcos sean cargados con petróleo crudo iraquí; esto resulta en la clausura de dos oleoductos iraquíes en territorio turco.

8 de agosto – Se divulga la identidad de los miembros del Gobierno Provisional Libre; todos son oficiales del ejército iraquí.

El gobierno de Iraq anuncia la anexión de Kuwait.

Los funcionarios norteamericanos calculan que el número de las fuerzas terrestres norteamericanas en el área llegará a 50 mil al término de un mes.

9 de agosto – El Consejo de Seguridad adopta la **Resolución 662**, 15 a 0, rechazando la anexión iraquí del territorio de Kuwait.

Turquía promete un mayor acceso norteamericano a las bases aéreas de la Organización del Tratado del Atlántico Norte (OTAN) ubicadas en su territorio.

Se encuentran en la región unos 50 buques de guerra de Estados Unidos y sus aliados.

Los funcionarios norteamericanos solicitan que los aliados envíen tropas terrestres para que se unan a las tropas norteamericanas en Arabia Saudita.

10 de agosto – Los representantes de 12 miembros de la Liga Árabe, reunida en El Cairo, votan a favor del envío de tropas a Arabia Saudita para unirse a las fuerzas encabezadas por Estados Unidos que se forman contra Iraq.

Canadá y Australia acuerdan enviar tres buques de guerra cada una a la región del Golfo.

El Pentágono fleta aviones de aerolíneas comerciales, entre ellas la Eastern, contra la que se mantiene una huelga, para transportar las tropas y el cargamento.

La administración Bush dice que los buques de guerra norteamericanos, ingleses y franceses estacionados cerca de los puertos en la región detendrán los embarques de petróleo procedente de Iraq.

Los planes norteamericanos para el despliegue de unidades de la fuerza aérea incluyen 3 escuadrones de aviones de combate F-16, cerca de 100 aviones antitanque A-10, 24 aviones antirradar F-117A Stealth, una docena de aviones artillados AC-130, 18 bombarderos F-111, 24 bombarderos B-52G, y un gran número de aviones de transporte C-130.

El Pentágono duplica sus cálculos sobre el número de fuerzas terrestres a ser desplegadas, llegando a 100 mil.

11 de agosto – Paracaidistas y comandos egipcios y marroquíes comienzan a desembarcar en Arabia Saudita.

Siria anuncia que enviará 4 mil fuerzas terrestres para integrarse a las fuerzas encabezadas por Estados Unidos.

12 de agosto – Los funcionarios norteamericanos informan que las fuerzas navales norteamericanas han recibido órdenes de hacer cumplir el embargo contra Iraq, incluso contra los navíos que transportan alimentos. Las fuerzas terrestres norteamericanas en Arabia Saudita llegan a unos 5 mil. Durante las horas de mayor afluencia, aterriza un avión de transporte cada diez minutos en Arabia Saudita.

Francia envía al Golfo el portaviones *Clemenceau*, con 600 paracaidistas y 140 efectivos de infantería a bordo.

Decenas de miles en Jordania, en la Ribera Occidental y la Franja de Gaza, Libia, Mauritania, Sudán y Yemen, se manifiestan contra las maniobras de guerra norteamericanas. Se informa de manifestaciones antigubernamentales en Siria.

13 de agosto – Inglaterra declara que sus fuerzas navales en el Golfo están preparadas para hacer cumplir el embargo.

Iraq anuncia que a los ciudadanos extranjeros no se les permitirá salir ni de Iraq ni de Kuwait.

15 de agosto – Un cuarto portaviones, el *USS John F. Kennedy* y su flota de guerra zarpan hacia el Mediterráneo.

Iraq le ofrece a Irán una solución permanente —bajo términos que resultan altamente favorables para Irán— a la guerra del Golfo Pérsico de 1980–88 iniciada por la invasión del régimen de Saddam Hussein sobre el territorio iraní. El acuerdo es firmado rápidamente.

16 de agosto – El secretario general de la ONU Javier Pérez de Cuéllar dice que las acciones unilaterales de parte de Estados Unidos para hacer cumplir el embargo serían una violación a la Carta de Naciones Unidas.

Comienza el bloqueo naval norteamericano de todo el transporte que entra y sale de Iraq.

Unas 50 mil personas protestan frente a la embajada de Estados Unidos en Sana, Yemen, exigiendo el retiro inmediato de las tropas norteamericanas.

17 de agosto – Estados Unidos anuncia la activación, por primera vez en la historia, del programa de emergencia de 1951, conocido como la Flotilla Aérea de la Reserva Civil, para ayudar al puente aéreo militar, tomando control de aeronaves propiedad de compañías aéreas civiles.

18 de agosto – Buques de guerra norteamericanos hacen disparos de advertencia contra buques petroleros iraquíes.

El Consejo de Seguridad adopta la **Resolución 664**, 15 a 0, en la que hace un llamamiento a Iraq para que permita la salida de los ciudadanos extranjeros de Iraq y de Kuwait.

21 de agosto – Bélgica, Italia, Holanda y España anuncian que enviarán buques de guerra a la región del Golfo. Alemania occidental envía barcos dragaminas al este del Mediterráneo para compensar por los barcos de guerra desplazados por otras naciones en el Golfo.

22 de agosto – Estados Unidos comienza a llamar a los reservistas militares para el servicio activo en la región del Golfo. Esta es la primera vez, desde la Ofensiva del Tet en enero de 1968 durante la guerra de Vietnam, que se llama a los reservistas al servicio activo.

24 de agosto – Las tropas iraquíes rodean las embajadas extranjeras en ciudad Kuwait después de que éstas se negaran a acatar la orden de Iraq de cerrarlas y trasladarlas a Bagdad. Suspenden los servicios de agua y de electricidad a dichas instalaciones.

25 de agosto – El Consejo de Seguridad adopta la **Resolución 665**, 13-0-2, autorizando a los estados miembros a utilizar "las medidas… necesarias" contra Iraq para hacer cumplir el embargo comercial. Cuba denuncia la acción: la primera en la historia de Naciones Unidas en que se autoriza el uso de la fuerza para imponer las sanciones económicas adoptadas por la ONU. Cuba y Yemen se abstienen.

26 de agosto – El número de tropas norteamericanas en Arabia Saudita ya llega a cerca de 45 mil.

Unas 50 mil tropas sirias son enviadas para reprimir grandes protestas antigubernamentales en localidades cercanas a la frontera sirio-iraquí.

Shevardnadze dice que la Unión Soviética no objetará que otras naciones usen la fuerza militar para hacer cumplir el bloqueo contra Iraq.

29 de agosto – Trece soldados norteamericanos mueren cuando su avión de abastecimiento se estrella en Alemania occidental, en ruta a la región del Golfo.

30 de agosto – 1 de septiembre – Los ministros del exterior de 13 de los 21 estados miembros de la Liga Árabe se reúnen en El Cairo. Argelia, Iraq, Jordania, Mauritania, la Organización para la Liberación de Palestina, Sudán, Túnez y Yemen boicotean la reunión.

Comienzos de septiembre – India le solicita a la ONU permiso para enviar un cargamento de alimentos a Kuwait para decenas de miles de ciudadanos indios que enfrentan una severa escasez de alimentos. Decenas de miles más de cingaleses, filipinos y ciudadanos de otras naciones padecen sufrimientos similares.

4 de septiembre – El presidente de Senegal, Abdou Diouf, anuncia que enviará 500 tropas para que se unan a las fuerzas que se forman contra Iraq.

El presidente turco Özal obtiene una aprobación parlamentaria especial para permitir que las bases turcas de la OTAN reciban fuerzas extranjeras y sean utilizadas para las operaciones militares contra Iraq.

5 de septiembre – Inglaterra y Francia suspenden la venta de armas a Jordania.

6 de septiembre – El número total de refugiados de Kuwait e Iraq que han pasado por Jordania sobrepasa 600 mil, mientras que 100 mil permanecen estancados allí bajo condiciones desesperantes. La mayoría son indios, paquistaníes, bengalíes, tailandeses y filipinos.

7 de septiembre – En las dos semanas siguientes, vuelos autorizados por la ONU de Aerolíneas Iraquíes fletados por Estados Unidos e Inglaterra evacúan a ciudadanos norteamericanos e ingleses de Iraq y Kuwait.

Inglaterra suspende el veto que por años mantenía sobre la ayuda de la Comunidad Europea a Siria.

La Unión Soviética anuncia el restablecimiento de las relaciones diplomáticas con Arabia Saudita.

9 de septiembre – Bush y el presidente soviético Mijaíl Gorbachov se reúnen en Helsinki, Finlandia.

10 de septiembre – Iraq e Irán restablecen relaciones diplomáticas. Se informa, además, del comercio en alimentos, petróleo y otras mercancías entre ambos países.

12 de septiembre – El líder iraní Ayatollah Alí Jameini denuncia la concentración de fuerzas norteamericana en el golfo.

13 de septiembre – Las fuerzas navales norteamericanas están abordando entre tres y cuatro barcos diarios, principalmente en el Mar Rojo, para revisar el cargamento y el destino. Decenas de guardacostas norteamericanos le ayudan a la armada.

El Consejo de Seguridad adopta la **Resolución 666**, 13 a 2, restringiendo el envío de alimentos a Iraq; Cuba y Yemen votan contra la resolución. Una contrarresolución presentada por Cuba —afirmando que el acceso a los alimentos y a la asistencia médica adecuada es derecho humano básico— es derrotada con un voto de 3 a favor, 5 en contra y 7 abstenciones.

14 de septiembre – Barcos de guerra de Estados Unidos y de Australia hacen disparos de advertencia y detienen a la fuerza a un buque petrolero iraquí.

Las tropas iraquíes se toman varias misiones y residencias diplomáticas en ciudad Kuwait.

Inglaterra anuncia el envío del 7º Regimiento Armado con 8 mil tropas y 120 tanques Challenger a Arabia Saudita. Canadá dice que desplazará un escuadrón de aviones de combate CF-18. Otra fragata y ocho aviones Tornado serán enviados por Italia.

El Pentágono aprueba una venta de más de 20 mil millones de dólares en armas a Arabia Saudita.

Mediados de septiembre – Decenas de miles de yemeníes que trabajan en Arabia Saudita comienzan a irse del país al retirárseles sus permisos de trabajo, luego que Yemen se niega a unirse a la coalición encabezada por los imperialistas contra Iraq. Se calcula que unos 2 millones de yemeníes viven en Arabia Saudita.

Arabia Saudita suspende los envíos de petróleo a Jordania, cuyo vital puerto de Akaba está a punto de ser clausurado debido al embargo.

16 de septiembre – El Consejo de Seguridad adopta la **Resolución 667**, 15 a 0, protestando las violaciones iraquíes a la inmunidad diplomática de las embajadas y del personal extranjeros en Kuwait.

El canciller alemán occidental Helmut Kohl llama a que se enmiende la constitución de 1949, que prohibe las acciones militares alemanas afuera del marco de la OTAN, y propone el envío de tropas alemanas al Golfo tan pronto como sea posible después de que el nuevo parlamento de toda Alemania sea elegido.

Francia envía 4 mil hombres más, así como tanques, helicópteros y aviones de combate al Golfo después del saqueo de su misión diplomática en ciudad Kuwait. La fuerza militar francesa en la región asciende a unas 13 mil tropas y 14 buques de guerra.

17 de septiembre – Los gobiernos de la Comunidad Europea deciden expulsar a la mayoría de los diplomáticos iraquíes de sus respectivos países.

Se informa que la fuerza de tropas egipcias llega a 5 mil.

Se anuncia la partida inminente de 500 tropas senegalesas para el Golfo.

21 de septiembre – La concentración de tropas turcas en la frontera turco-iraquí, respaldadas con tanques y aviones de guerra, asciende a 95 mil.

Unas mil personas en Kaduna, Nigeria, protestan frente al consulado de Estados Unidos las maniobras de guerra.

24 de septiembre – Dirigiéndose a la Asamblea General de la ONU, el presidente francés François Mitterrand hace un llamado a Iraq para que "afirme su intención de retirarse de Kuwait y liberar a los rehenes", diciendo que esto daría paso a una solución negociada.

El ministro de relaciones exteriores de Irán Alí Akbar Velayati, dirigiéndose a la Asamblea General de la ONU, dice que Irán no violará el embargo comercial contra Iraq.

El Consejo de Seguridad adopta la **Resolución 669**, 15 a 0, tomando nota del creciente número de solicitudes de ayuda de parte de los estados miembros que sufren debido a la imposición de sanciones contra Iraq bajo la **Resolución 661**.

25 de septiembre – Las tropas norteamericanas sobrepasan los 150 mil con más aún en camino.

Shevardnadze, en un mensaje ante la Asamblea General de la ONU, advierte a Iraq que "Naciones Unidas tiene el poder para reprimir los actos de agresión", y sugiere que tal vez sea necesario que el Consejo de Seguridad establezca una "fuerza de respuesta rápida" compuesta de unidades "designadas por diferentes países, incluyendo a todos los cinco miembros permanentes del Consejo de Seguridad".

El Consejo de Seguridad adopta la **Resolución 670**, 14 a 1, imponiendo un embargo aéreo contra Iraq. Cuba denuncia esta medida como una escalada de los preparativos de guerra de Washington y sus aliados, y vota contra la resolución.

26 de septiembre – El número de reservistas militares norteamericanos llamados para el servicio activo en el Golfo como no combatientes llega a 21 mil.

27 de septiembre – El primer ministro japonés, Toshiki Kaifú, propone el envío al Golfo de tropas japonesas ligeramente armadas para jugar un papel de "no combatientes" respaldando las fuerzas aliadas. De ser aprobada, la acción sería la primera utilización abierta de tropas japonesas fuera del territorio de Japón desde la segunda guerra mundial. La propuesta desata una tormenta de debates y protestas.

El gobierno sudcoreano promete 150 millones de dólares para el mantenimiento de las tropas norteamericanas en el Golfo.

Inglaterra restablece relaciones diplomáticas con Irán, rotas en marzo de 1989 cuando el Ayatollah Ruhollah Jomeini emitió una sentencia de muerte contra el escritor Salman Rushdie.

El precio del petróleo llega a 39.54 dólares por barril.

El presidente de Honduras Rafael Callejas, de visita en la Casa Blanca, manifiesta su deseo de enviar un contingente al Golfo.

30 de septiembre – La Unión Soviética establece relaciones diplomáticas por primera vez con Corea del Sur y relaciones consulares con Israel. Thatcher se reúne con Bush y propone que el Consejo de Seguridad ordene que Iraq pague indemnizaciones de guerra.

1 de octubre – Bush habla ante la Asamblea General de la ONU.

2 de octubre – El portaviones *USS Independence* y su flota de guerra arriban al Golfo —la segunda vez en la historia que un portaviones norteamericano lo ha hecho— acompañado por cuatro dragaminas. Los navíos norteamericanos en el Golfo, en la zona norte del Mar Arábigo y en el Mar Rojo suman ya 54.

El buque de guerra francés *Doudart de Lagrée* hace disparos de advertencia contra el carguero norcoreano *Sam Il Po* cerca de Jibuti en el estrecho de Bab el Mandeb. El carguero es abordado y luego liberado, en la quinta vez que se utiliza la fuerza desde que se iniciara el bloqueo naval contra Iraq.

3 de octubre – Gorbachov envía a Yevgeny Primakov, miembro del Consejo Presidencial, a Jordania e Iraq. La revista soviética *Literaturnaya Gazeta* cita a Primakov: "Creo que debemos partir del hecho de que [la crisis del Golfo] ofrece una especie de laboratorio, poniendo a prueba nuestros nuevos esfuerzos para crear un nuevo orden mundial después de la guerra fría. Una gran parte depende de la solidaridad soviético-norteamericana, ya sea en actividades aunadas o una acción política conjunta o un apoyo mutuo".

Mitterrand comienza una visita de dos días al Golfo, el primer jefe de estado occidental en hacerlo.

El número total de tropas norteamericanas en la región ya sobrepasa los 170 mil.

4 de octubre – El primer ministro japonés Kaifú visita Jordania y ofrece 250 millones de dólares en préstamos para compensar por los efectos que el bloqueo de Iraq ha tenido sobre la economía jordana.

Tropas francesas de la Legión Extranjera llegan en Kigali, Ruanda, para ayudar a reprimir una insurrección rebelde. El primer contingente de paracaidistas belgas se les une al día siguiente.

8 de octubre – La policía israelí abre fuego contra manifestantes palestinos cerca de la mezquita de Al-Aksa en Jerusalén, asesinando a 21 personas e hiriendo a más de un centenar.

9 de octubre – El Consejo de Seguridad comienza a debatir su respuesta a la masacre israelí. Atemorizado de que la coalición contra Iraq se verá en peligro, Washington auspicia una resolución condenando a Israel. Yemen auspicia un proyecto de resolución que tiene lenguaje más fuerte.

11 de octubre – La 1ª División de Caballería, el 3er Regimiento Blindado de Caballería y otras unidades de la 2ª División Blindada comienzan a desembarcar en Arabia Saudita procedentes de Alemania. Las fuerzas adicionales incluyen unos 15 mil hombres, tanques M-1 y vehículos blindados de combate Bradley, ayudando a transformar las fuerzas norteamericanas, compuestas de fuerzas de desplazamiento rápido ligeramente armadas capaces de proteger yacimientos petroleros e instalaciones militares, en una fuerza ofensiva substancial.

Más de 130 mil refugiados jordanos que trabajaban en la región del Golfo han retornado a Jordania. Los funcionarios jordanos calculan que necesitarán 300 millones de dólares para brindarles servicios sociales. El nivel de desempleo en el país se calcula entre el 20 y el 40 por ciento.

12 de octubre – El Consejo de Seguridad adopta la **Resolución 672**, 15 a 0, patrocinada por Estados Unidos, condenando "los actos de violencia cometidos por las fuerzas de seguridad israelíes" e instando al secretario general a que envíe una misión investigadora a Israel y que presente un informe para fines de octubre.

Funcionarios del Banco Mundial dan a conocer que la solicitud hecha por Irán por un préstamo de 300 millones de dólares, su primera solicitud en once años, probablemente será aprobada.

13 de octubre – Siria consolida el control militar efectivo sobre la mayor parte de Líbano al destituir del poder al general derechista Michel Aoun, recurriendo al bombardeo aéreo del palacio presidencial con previo conocimiento y acuerdo de Israel y Estados Unidos. El Departamento de Estado norteamericano dice, "Esperamos que esto concluya un triste capítulo de la historia de Líbano y que el pueblo libanés pueda ahora avanzar hacia… un Líbano unido, soberano e independiente".

14 de octubre – El gobierno israelí asegura que no va a cooperar con la misión investigadora designada por la ONU.

Mediados de octubre – Jordania permite que investigadores norteamericanos inspeccionen el cargamento de los camiones en la frontera jordano-iraquí para ver que se apegue a lo establecido en el embargo contra Iraq.

16 de octubre – El parlamento japonés comienza un debate en torno a los planes de enviar tropas japonesas al Golfo para funciones que no sean de combate. Las protestas continúan.

17 de octubre – El Banco Asiático de Desarrollo anuncia que los sueldos enviados por los trabajadores asiáticos en el Oriente Medio podrían bajar en 750 millones de dólares en la segunda mitad de 1990 debido a la crisis del Golfo. Los 3.5 millones de asiáticos que trabajan en la región envían anualmente a sus hogares entre 10 y 12 mil millones de dólares.

Las pérdidas económicas en 1990–91 para Jordania, Egipto y Turquía se calculan en 4 mil millones de dólares, 3 mil millones y 5 mil millones respectivamente.

18 de octubre – El Congreso norteamericano aprueba un bloqueo completo del comercio con Cuba realizado por compañías subsidiarias norteamericanas localizadas en otros países.

19 de octubre – Funcionarios norteamericanos anuncian que están enviando entre 400 y 500 de los tanques M-1A1 más avanzados de la OTAN a Arabia Saudita, de los que almacena en Alemania, elevando el número de tanques norteamericanos en el Golfo a más de mil. El transporte requerirá unos 17 días.

20 de octubre – Miles protestan en más de una veintena de ciudades en Estados Unidos contra las maniobras de guerra norteamericanas bajo las consignas "¡Que retornen las tropas ya!" y "¡No a la guerra por las ganancias de las compañías de petróleo!". Entre los oradores en las acciones de 10 mil en Nueva York y de 5 mil en San Francisco se incluye a varios miembros de la reserva que se oponen al despliegue militar.

Miles más salen a las calles en otros diez países.

De los cientos de millones de dólares prometidos a Jordania para compensar su crisis económica, se informa que solo ha recibido 4 millones.

25 de octubre – Cheney, diciendo que jamás se estableció un "límite máximo", anuncia los planes de Estados Unidos para enviar otras 100 mil tropas a la región para unirse a las 210 mil que ya se encuentran allí. Además, cerca de 200 mil tropas de las fuerzas aliadas a Estados Unidos se hallan en el Golfo.

El Consejo de Seguridad adopta una resolución exigiéndole al gobierno israelí cooperar con el equipo de la ONU establecido según la **Resolución 672,** que investiga el asesinato de los palestinos del 8 de octubre.

El presidente de Yemen, Alí Abdullah Saleh, anuncia que más de 500 mil yemeníes han retornado al país de Arabia Saudita desde mediados de septiembre, después de que fueran obligados a salir por el gobierno saudita. La expulsión le costará a la economía yemení unos 350 millones de dólares por mes en remesas perdidas.

El ministro canadiense de asuntos exteriores Joseph Clark se dirige al parlamento canadiense, diciendo que su gobierno está preparado para unirse a una ofensiva militar contra Iraq sin esperar por la aprobación de la ONU. Luego dijo, "La guerra es posible. Habrá miles de bajas... y no deberíamos excluir la posibilidad de que jóvenes soldados canadienses no regresen a este país a celebrar sino que se quedarán allá para ser enterrados". La fuerza de la tropa canadiense llega a 1 700.

Inglaterra acepta poner su fuerza de 15 mil tropas bajo un comando norteamericano. Se informa que Francia acepta hacer lo mismo con sus 13 mil tropas.

28 de octubre – Una decisión de duplicar el período de servicio activo para los combatientes de la reserva —de 180 días a 360— se añade calladamente al presupuesto militar de 1991. No se realiza ningún debate en el Congreso, el cual concluye después su período de sesiones para el año en curso. Incluidos en el presupuesto federal van 700 millones de dólares más en armas norteamericanas para Israel, y esto por encima de la adjudicación anual de 5 mil millones de dólares.

29 de octubre – El Consejo de Seguridad adopta la **Resolución 674**, 13-0-2, exigiendo que Iraq pague indemnizaciones de guerra por su invasión de Kuwait a todas las partes afectadas. Cuba la caracteriza como "otro paso más en dirección hacia la guerra". Cuba y Yemen se abstienen.

30 de octubre – Once efectivos norteamericanos resultan muertos en dos accidentes, elevando a 43 el total de norteamericanos muertos hasta la fecha.

31 de octubre – Bush advierte que está preparado a dejar caer desde el aire abastecimientos para la embajada norteamericana en ciudad Kuwait diciendo, "La bandera norteamericana ondea sobre la embajada kuwaití y un dictador brutal está haciendo que adentro nuestra gente se muera de hambre".

1 de noviembre – El general Norman Schwarzkopf, comandante de las fuerzas norteamericanas en el Golfo, dice, "Si tenemos que luchar, voy a usar todo lo que esté a mi alcance para infligirle al enemigo el mayor número de bajas posibles". Aseguró que utilizaría "una capacidad de fuego y tecnología vastamente superiores" para "causar tanta destrucción sobre las fuerzas iraquíes lo más pronto que me sea posible".

2 de noviembre – La reservista Stephanie Atkinson es puesta bajo arresto en Fort Knox, Kentucky, por negarse a ir a Arabia Saudita. Ella sostiene, "No creo que Estados Unidos esté participando en esto en base a razones honestas. Estamos luchando por petróleo y por nuestra economía".

3 de noviembre – La producción de petróleo saudita llega a 8.2 millones de barriles diarios; el 2 de agosto era de 5.4 millones. Este aumento eleva la producción mundial de petróleo a su nivel previo al embargo contra el petróleo iraquí y kuwaití. Al combinar esto con la duplicación de los precios del petróleo durante este período, el régimen saudita está acaparando más de 200 millones de dólares extra al día, y contribuye con una porción de dicha cantidad para el mantenimiento de la intervención encabezada por Estados Unidos.

Los oficiales sirios se pronuncian a favor de una acción ofensiva contra Iraq.

4 de noviembre – El Pentágono, citando la decisión del Congreso del 28 de octubre que aumenta a 360 días el período del servicio activo para los reservistas, decide convocar el 25 de octubre a miles de reservistas de combate como parte del nuevo incremento de cerca de 100 mil. Más de 34 mil reservistas han sido desplazados para funciones que no son de combate.

El primer contingente de los 15 mil miembros de la 9ª División Blindada siria, con los primeros 270 tanques, desembarcan en Arabia Saudita, con lo que sus fuerzas allí desplegadas llegan a 19 mil. Los sirios, junto con otras tropas árabes, están desplegados en las líneas del frente.

Baker comienza un viaje de una semana por ocho naciones para obtener apoyo para el uso directo de la fuerza contra Iraq además de acuerdos sobre cómo coordinar las operaciones ofensivas.

5 de noviembre – Baker, tras reunirse con el ministro del exterior saudita y con el rey Fahd en Jeddah, obtiene un acuerdo para una libertad plena de la estructura de mando norteamericana en caso de una ofensiva militar contra Iraq.

6 de noviembre – Baker se reúne con el ministro del exterior chino, Qian Qichen en El Cairo, buscando un acuerdo con

China a través del cual ésta no bloquearía una resolución de la ONU que autorice el uso directo de la fuerza contra Iraq.

Los representantes de 18 países comienzan en Ginebra, Suiza, charlas sobre los devastadores efectos de la crisis del Golfo en los precios del petróleo.

7 de noviembre – Marjatta Rasi de Finlandia —quien encabeza el comité de sanciones de la ONU que supervisa el embargo comercial contra Iraq, establecido por la **Resolución 661**— reconoce que jamás se ha reportado ninguna violación.

Thatcher dice en la Cámara de los Comunes inglesa, "O [el presidente Saddam Hussein] se sale pronto de Kuwait o nosotros y nuestros aliados lo sacamos a la fuerza, y sufrirá una derrota con todas sus consecuencias".

El presidente egipcio Hosni Mubarak, diciendo que la guerra es inevitable si Iraq no se retira pronto de Kuwait, se pronuncia en apoyo de una resolución de la ONU que autorice una acción ofensiva contra Iraq y anuncia que otra división con 400 tanques y 7 mil hombres estará en Arabia Saudita a finales de noviembre. Estos se unirán a la ya totalmente desplegada 3ª División Mecanizada de 15 mil hombres y a otras unidades.

El vicepresidente del Congreso Nacional Africano Nelson Mandela, en París, acusa a Occidente de hipocresía por sus maniobras de guerra contra Iraq, citando las invasiones norteamericanas de Panamá y Granada y la ocupación israelí del territorio palestino.

Las fuerzas norteamericanas, que ascienden a 230 mil, ya incluyen: cuatro divisiones y media del ejército y otras unidades con más de 120 mil tropas y mil tanques; una fuerza expedicionaria de infantes de marina y tres brigadas expedicionarias con más de 45 mil tropas; tres portaviones con 100 aviones de combate y caza, el acorazado *Wisconsin* y unos cincuenta buques de guerra más; 500 aviones bombarderos, de combate y caza de las fuerzas aérea y naval.

Las fuerzas aliadas a Washington incluyen, **Siria:** 19 mil tropas con 270 tanques en Arabia Saudita y 50 mil tropas más en la frontera de Siria con Iraq; **Turquía:** 95 mil tropas en la frontera turco-iraquí; **Inglaterra:** 15 mil tropas, incluido el 7º Regimiento Blindado con 120 tanques, junto con 58 aviones de guerra y 12 buques de guerra; **Francia:** 13 mil tropas, incluido un regimiento blindado, un regimiento de infantería y un regimiento de helicópteros, junto con más de 75 aviones y 14 buques de guerra, entre ellos el portaviones *Clemenceau;* **Canadá:** 1 700 tropas, tres buques de guerra y 18 aviones de guerra; **Arabia Saudita:** 60 mil tropas con 180 aviones, ocho buques, y una pequeña fuerza como parte de la fuerza de desplazamiento rápido del Consejo de Cooperación del Golfo; **Egipto:** unas 20 mil tropas, con una segunda división de 7 mil hombres y 400 tanques que se espera arribará dentro de poco; **Kuwait:** 7 mil tropas, como parte de la fuerza de desplazamiento rápido del Consejo de Cooperación del Golfo; **Paquistán:** 5 mil tropas; **Marruecos:** al menos 2 mil tropas; **Bangladesh:** 2 mil tropas; **Checoslovaquia:** 200 tropas; **Argentina:** 100 tropas; y **Senegal** 500 tropas. **Bahrein, Omán, Katar** y los **Emiratos Árabes Unidos** tienen un número reducido de tropas desplegadas como parte de la fuerza de desplazamiento rápido del Consejo de Cooperación del Golfo, aparte de sus fuerzas armadas regulares.

Australia, Bélgica, Dinamarca, Grecia, Italia, Holanda, Noruega, Polonia, Portugal, España y la **Unión Soviética** han enviado fuerzas navales al Golfo como parte de la intervención dirigida por Estados Unidos.

Las unidades militares de treinta países están ahora desplegadas contra Iraq. Las fuerzas norteamericanas y aliadas enfrentan un total de tropas regulares iraquíes que se calculan en 550 mil, con unos 430 mil en o cerca de Kuwait. Iraq ha desplegado unos 500 tanques T-72 de los más avanzados junto con mil T-62 y unos 4 mil tanques más viejos. Además, el número de sus reservas asciende a 480 mil.

8 de noviembre – Baker se reúne con Gorbachov y luego con Shevardnadze en Moscú. Los dirigentes soviéticos apoyan públicamente por primera vez una posible acción militar.

Shevardnadze dice, "Se podría dar una situación que efectivamente requeriría" el uso de la fuerza.

El primer ministro de Japón se ve obligado a desechar una propuesta para el envío de tropas a Arabia Saudita. Los principales partidos de oposición llegan a un acuerdo con el gobierno en torno a una nueva propuesta para el despliegue de contingentes civiles que incluyen oficiales militares retirados para unirse a las tropas dirigidas por Estados Unidos en el Golfo. El ministro del exterior dice, "Estamos complacidos porque aunque la propuesta inicial fracasó, nuestro trabajo no fue infructuoso".

Bush, diciendo que una escalada masiva es necesaria para proveer "una opción adecuada para una ofensiva militar", duplica el número de tropas de combate al ordenar 200 mil fuerzas norteamericanas más para el Golfo. Más de 430 mil estarán en el Golfo para comienzos de 1991. Las fuerzas terrestres norteamericanas durante la guerra de Vietnam llegaron a un máximo de 543 mil.

El nuevo despliegue de tropas incluye más de tres divisiones adicionales del ejército con más de 75 mil tropas y 1 200 tanques, para un total de siete divisiones y media. Las nuevas unidades incluyen la totalidad de la 1ª y 3ª divisiones blindadas enviadas de Alemania y la totalidad de la 1ª División Mecanizada de Infantería enviada desde su base en Estados Unidos; la 2ª Fuerza Expedicionaria de la Marina con 45 mil tropas del Campamento Lejeune y los 15 mil hombres de la 5ª Brigada Expedicionaria de la Marina del Campamento Pendleton, ambas acompañadas de unidades blindadas, con lo que el despliegue naval total llega a las dos terceras partes de la totalidad de las fuerzas de combate navales; y tres brigadas blindadas de la Guardia Nacional, que están a punto de iniciar su entrenamiento para la guerra en el desierto en Estados Unidos.

En el despliegue más grande de portaviones desde la guerra de Corea, tres portaviones más y tres flotas de guerra serán despachadas, elevando el total a seis portaviones de los catorce en la flota norteamericana. El acorazado *Missouri* se unirá al acorazado *Wisconsin* que ya se encuentra en la región. Un número no especificado de aviones de la fuerza aérea serán desplegados además de las aeronaves de los tres nuevos portaviones.

La medida coloca a más de 2 mil tanques norteamericanos en la zona y le da a Estados Unidos una superioridad sobre Iraq en cuanto a los tanques más modernos. Con este despliegue, las tropas norteamericanas en Europa serán reducidas un 50 por ciento. Los oficiales norteamericanos esperan trasladar la 82ª División Aerotransportada, una fuerza de desplazamiento rápido, de regreso a Estados Unidos para estar preparada para otras posibles crisis.

9 de noviembre – Cheney anuncia que las fuerzas norteamericanas no van a ser relevadas sino hasta que se termine la crisis del Golfo.

Índice

Abulhasan, Mohammed, 53
Acumulación de fuerzas militares norteamericanas, 11–12, 29, 44, 61; armamento avanzado en, 12, 45, 48, 155, 163, 164–65, 168, 170–71; de fuerzas navales, 64, 75, 152, 153–54, 155, 156, 157, 162, 168–69, 170–71; de fuerzas terrestres, 12, 20, 64, 75, 125, 155, 157, 161, 162, 163, 164–65, 168–69, 170; la mayor desde Vietnam, 12, 154, 170; saldo de muertos, 13, 158, 166
Alemania, 153, 160
al-Gadafi, Muammar, 145
Alimentos: como derecho humano, 82–83, 87, 98, 99, 115, 159; como arma, 15–16, 60, 75, 83–85, 86–87, 96, 115, 137, 156
al-Sabah, jeque Jaber al-Ahmed, 151
Angola, 18, 37–38, 133, 144
Antibélicas, protestas, 11–12, 21, 156, 160, 164, 165
Aoun, Michel, 164
Árabes, países, 26, 29, 35, 45, 47, 48, 53–54, 143; amenazas de Washington hacia, 29, 44–45
Arabia Saudita, 12–13, 153, 154, 159–60, 165, 168–69
Arens, Moshe, 152
Argelia, 158
Argentina, 13, 169
Armas nucleares, 139, 140
Armas químicas, 139, 140
Australia, 13, 155, 159, 169
Autodefensa, 30, 51–52, 61–62, 143

Bahrein, 13, 169
Baker, James, 153, 167–68, 169
Bangladesh, 13, 169
Bélgica, 13, 153, 163, 169
Ben Ali, Zine al-Abidine, 63
Bloqueo naval, 61, 78, 79, 137, 154, 156, 157, 162. *Ver también* Embargo, contra Iraq
Bush, George, 14, 93, 151–52, 157, 159, 162, 166, 170

Callejas, Rafael, 162
Canadá, 82, 106, 143, 144; acciones militares de, 13, 155, 159, 165–66, 169
Carta de la ONU, 30, 65, 98; *Artículo 10* de, 128; *Artículo 25* de, 103, 109, 148; *Artículo 39* de, 26, 143; *Artículo 40* de, 26, 143; *Artículo 41* de, 62, 71, 73, 77, 78, 146; *Artículo 42* de, 71, 73, 78, 144; *Artículo 43* de, 71, 73, 146; *Artículo 46* de, 71, 73, 146; *Artículo 47* de, 71, 73, 146; *Artículo 48* de, 71, 109, 146, 148; *Artículo 50* de, 90, 92, 114, 115, 129, 147; *Artículo 51* de, 30, 61–62, 64–65, 143; *Artículo 92* de, 127; *Artículo 103* de, 109, 148; *Capítulo 7* de, 56, 68, 71–72, 74, 77, 103, 104, 109, 121, 127, 143; violaciones de, 61, 62, 71–72, 74, 76–79, 87, 105, 127–30, 132
Castro, Fidel, 21, 22, 28–29, 44–49, 53–54, 152, 154
Checoslovaquia, 13, 169
Cheney, Richard, 153, 165, 171

Chicago, Convención de, 111, 148
China, 19–20, 82, 143; y coalición contra Iraq, 14, 76, 153, 167–68
Chipre, 114
Clark, Joseph, 165–66
Colombia, 82, 143
Comité de Estado Mayor, 73, 125, 146
Comité de Sanciones (ONU), 32, 77–78, 83–85, 88, 89, 90, 94, 95, 110, 111, 125–26, 147, 168
Comunidad Europea, 153, 158, 160
Congreso estadounidense, 13, 14, 20, 125, 152, 166
Consejo de Seguridad de la ONU, 87–90, 93–96, 98–99, 114–15, 124–26, 128–30, 133–34, 143, 144; su doble moral, 18, 36–40, 52, 78, 91–94, 96, 97, 113–15, 132–33; y los intereses estadounidenses, 11, 14, 16–17, 17–20, 34–35, 38–40, 52, 71–72, 74, 75, 76, 133–34, 137–38; y la invasión a Panamá, 38–39, 133; e Israel, 21, 37, 38, 46, 63, 97, 114, 132, 163, 165; poder del veto en, 16–17, 65; y el proyecto de resolución de Cuba, 82–83, 98–99, 159. *Ver también* Embargo, contra Iraq; Pérez de Cuéllar, Javier; Resoluciones del Consejo de Seguridad
Consejo de Seguridad. *Ver* Consejo de Seguridad de la ONU
Convenciones de Viena, 102, 103, 121, 122
Corea del Sur, 161, 162
Corea, guerra de (1950–53), 13, 19–20, 146–47, 170
Corte Internacional de Justicia (Corte Mundial), 127, 148, 149
Corte Mundial. *Ver* Corte Internacional de Justicia
Costa de Marfil, 82, 143
Crisis de los misiles en Cuba (1962), 47, 145
Cruz Roja, Comité Internacional de, 85
Cuarto Convenio de Ginebra, 84, 112, 121, 122, 147
Cuba: agresión estadounidense contra, 15, 45, 47, 86–87, 145, 164; sus gestiones de paz, 27–28, 29, 136, 138–39, 140, 152; sobre invasión a Kuwait, 15, 27, 34, 44–45, 70, 79, 98, 113, 133, 136–37; su papel en la ONU, 14, 22, 136–37, 138–39, 140–41, 143; su posición de principios, 15, 27, 34, 113, 136–37, 138–39; sus relaciones con Iraq y Kuwait, 27, 34, 45; y la Unión Soviética, 86, 112–13, 144. *Ver también* Resoluciones del Consejo de Seguridad, posiciones cubanas sobre

Dinamarca, 13, 169
Diouf, Abdou, 158

Egipto, 13, 154, 160, 164, 169
Embargo, contra Iraq: 15–16, 30–32, 45, 52–53, 76–78, 151–52, 153, 154, 155, 156; aéreo, 16, 110–11, 138, 159, 160; más amplio que nunca, 18, 87, 154; aplicación del, 60–61, 64, 65, 69, 71–75, 76–79, 87, 90, 110–12, 156; de armas, 31, 137, 153; cumplimiento con el, 76–78, 115, 168; su impacto sobre civiles, 59–60, 87, 88, 91, 115, 129, 137; oposición cubana al, 15–16, 35, 70, 137–38. *Ver también* Bloqueo naval; Alimentos, como arma; resoluciones del Consejo de Seguridad; Comité de Sanciones; Consejo de Seguridad de la ONU, duplicidad de
Emiratos Árabes Unidos, 13, 151, 169

España, 13, 169
Estados Unidos, gobierno de, 11–12, 15–16, 82, 143–44, 145; doble norma del, 16, 17–18, 36–40, 47, 91–94; historia de agresión del, 15–16, 19, 36, 38–39, 48, 132, 133, 144–46, 149, 153; medidas unilaterales del, 11, 35–36, 51, 52, 60–62, 64, 65, 71–72, 76–77, 137–38; objetivos reales del, 11, 13, 27–28, 35–36, 40, 45, 46, 51, 54. *Ver también* Consejo de Seguridad de la ONU, e Intereses estadounidenses
Etiopía, 82, 143

Fahd, el rey, 153, 167
Filipinas, 88
Finlandia, 77, 82, 143, 147
Flotilla Aérea de la Reserva Civil, 157
Francia, 82, 104–5, 106, 143, 144; acciones militares de, 12, 13, 155, 156, 160, 162, 166, 169; y coalición contra Iraq, 14, 76, 158, 160, 162
Fuerza militar multinacional, 12–13, 21, 44, 71, 72, 78, 145, 168–69

Glaspie, April, 151
Gorbachov, Mijaíl, 148, 158, 162, 169
Gran Bretaña, 76, 82, 91, 143, 144, 152, 158, 159; acciones militares de, 12, 13, 14, 152, 154, 156, 159, 166, 168
Granada, 16, 46–47, 145
Grecia, 13, 169
Guerra, preparativos bipartidistas para, 13; bajas debido a, 11, 13, 20–21, 48, 140; consecuencias mundiales de, 11, 13, 20–21, 44, 47–48, 113, 139–40; intereses en juego para pueblo trabajador en, 20–21; propaganda, 13–14,

20. *Ver también* Estados Unidos, gobierno de, objetivos reales de; Acumulación de fuerzas militares norteamericanas,
Guevara, Ernesto Che, 22

Holanda, 13, 153, 169
Honduras, 162
Hussein, Saddam, 151

India, 18, 88, 95–96, 158
Invasión a Kuwait: posición cubana sobre, 15–16, 27, 34–35, 44–45, 70, 79, 98, 113, 134, 136; como pretexto para Washington, 11, 13, 27, 36, 45, 51–52, 54, 62–93
Irán, 156, 159, 161, 164
Iraq: civiles en, 58, 88, 89, 98, 121; congelamiento de sus bienes, 31–32, 111, 152; su disputa con Kuwait, 26–28, 37, 38, 151, 152–53; esfuerzos diplomáticos de, 148, 156, 159; sus fuerzas militares, 34, 35, 36, 166. *Ver también* Embargo, contra Iraq; Kuwait; invasión de Kuwait; Terceros estados, nacionales de,
Israel, 45, 152; y Líbano, 38, 39, 46, 63, 144; y ocupación de Palestina, 18, 37, 46, 48, 97, 132–33, 144; y palestinos, 21, 163. *Ver también* Consejo de Seguridad de la ONU, e Israel
Italia, 13, 153, 169

Jamenei, ayatolá Alí, 159
Japón, 153, 161, 163, 168, 170
Japoneses-americanos, confinamiento de, 17, 58, 145–46
Jordania, 90, 156, 158, 163, 164

Kaifú, Toshiki, 161, 163
Kohl, Helmut, 160
Kuwait: su anexión por Iraq, 15, 50,

51, 56, 57, 70, 108, 113, 134, 155; civiles en, 58, 88, 89, 98–99, 108, 116, 120, 121, 122, 134; y coalición contra Iraq, 12–13, 168–69; monarquía de, 13, 151; personal diplomático en, 17, 56, 57, 70, 102–4, 113, 121, 122–23, 134, 157, 160; soberanía de, 11, 15, 27, 30, 34, 40, 48, 49, 51, 54, 68, 120, 139. *Ver también* Iraq; Terceros estados, nacionales de,

Líbano, 38, 39, 63, 114, 144, 164
Liberia, 36–37, 47, 144, 153
Libia, 47, 145, 156
Liga Árabe, 26, 27, 53, 79, 143; escisión en, 145, 152–53, 155, 158

Malasia, 82, 143
Malvinas, guerra de (1982), 12
Mandela, Nelson, 168
Marruecos, 13, 169
Mauritania, 156, 158
Mitterrand, François, 160, 162
Mubarak, Hosni, 168
Mussolini, Benito, 52

Naciones Unidas, 48, 52; Asamblea General, 16, 18, 19, 37, 39, 40, 147; estructura antidemocrática de, 16–17, 64–65; "fuerzas de mantenimiento de la paz" de, 14, 38, 46, 144; y la guerra de Corea, 19–20, 146–47. *Ver también* Consejo de Seguridad de la ONU
Nicaragua, 132, 149
Níger, 159
No Alineados, Movimiento de los Países, 22, 37, 143; y crisis del Oriente Medio, 27–29, 47, 48, 79
Noruega, 13, 169

Omán, 13, 169
Organización de Aviación Civil Internacional, 116
Organización para la Liberación de Palestina, 143, 158
OTAN, 139, 158
Özal, Turgut, 154, 158

Pakistán, 13, 169
Palestinos, 37, 45, 59; y la intifada, 46, 63, 132, 144–45. *Ver también* Israel
Panamá, 16, 17, 38–39, 47, 58, 133, 144, 146
Pérez de Cuéllar, Javier, 156; esfuerzos diplomáticos de, 56, 59, 105, 109, 121, 124, 127, 130–32; informes al Consejo de Seguridad, 32, 33, 71, 77, 84–85, 89, 97
Petróleo, monopolios del, 13
Petróleo, precios del, 13, 27, 47–48, 140, 151, 153, 162, 165, 167
Pickering, Thomas R., 39, 40–41, 64
Polonia, 13, 169
Portugal, 13, 169
Primakov, Yevgeny, 162
Primera Guerra Mundial (1914–18), 13

Qatar, 13, 169
Qian Qichen, 167

Rasi, Marjatta, 147, 168
Recesión, 13
Refugiados, 13, 89–90, 95–96, 158, 163. *Ver también* Terceros estados, nacionales de,
Rehenes, 17, 113, 122, 137, 147. *Ver también* Terceros estados, nacionales de,
Reparaciones, 15, 123–24, 126, 127, 129, 166
República Dominicana, 16
Reserva de las fuerzas armadas de EE.UU., 12, 157, 161, 167

Resolución 418 (1977), 97, 147
Resolución 660 (1990), 26, 30–31, 41, 49, 56, 68, 82, 90, 102, 103, 105, 108, 109, 113, 120, 122, 124, 152; posición de Cuba sobre, 34–35, 45, 70
Resolución 661 (1990), 30–33, 45, 49, 51, 56, 60, 61, 62, 65, 68–69, 77, 78, 82, 83–84, 87–88, 90, 108, 109–12, 120, 125–26, 129, 154; posición de Cuba sobre, 30, 34–41, 45, 70
Resolución 662 (1990), 49–50, 56, 57, 68, 82, 102, 103, 104, 106, 108, 109, 113, 120, 122, 124, 155; posición de Cuba sobre, 50–51, 70
Resolución 664 (1990), 56–57, 68, 82, 84, 102, 103, 104, 106, 108, 109, 113, 120, 122, 124, 157; posición de Cuba sobre, 57–65, 70
Resolución 665 (1990), 68–69, 76–79, 82, 83, 87, 102, 104, 105, 108, 120, 157; posición de Cuba sobre, 68, 70–76, 79, 157
Resolución 666 (1990), 83–85, 102, 104, 105, 108, 109, 110, 120, 159; posición de Cuba sobre, 83, 86–90, 98–99, 159
Resolución 667 (1990), 102–4, 108, 109, 120, 160; posición de Cuba sobre, 104–6
Resolución 669 (1990), 129, 148–49, 161
Resolución 670 (1990), 108–12, 120, 131, 161; posición de Cuba sobre, 115–16
Resolución 672 (1990), 163
Resolución 674 (1990), 120–24, 166; posición de Cuba sobre, 120, 125–32
Resolución pacífica: necesidad de, 26, 48, 54, 63, 79, 105, 138–39, 140; obstáculos a, 11–12, 35, 45, 46, 126–27, 131–32, 140. *Ver también*

Cuba, sus gestiones de paz
Rhodesia del Sur, 18, 39–40, 91–93, 154
Ruanda, 163
Rumania, 82, 143, 144

Sanciones. *Ver* Bloqueo naval; Embargo, contra Iraq; Rhodesia del Sur; Sudáfrica
Schwarzkopf, general Norman, 166
Segunda Guerra Mundial (1939–45), 13, 154
Senegal, 13, 158, 160, 169
Shevardnadze, Eduard, 148, 153, 161, 169–70
Siria, 157, 158, 164; y coalición contra Iraq, 13, 167, 168–69
Sri Lanka, ciudadanos de, 88, 89, 95, 158
Sudáfrica: y Angola, 18, 37, 133, 144; sanciones contra, 18, 37–38, 52, 91, 93, 97–98, 114, 147, 154
Sudán, 156, 158

Tercer Mundo, 17, 98; impacto de la guerra en, 13, 21, 47–48, 113, 139–41
Terceros estados, nacionales de, en Iraq y Kuwait: 13, 17–18, 56–57, 58, 59–60, 70, 84–85, 88–90, 95–96, 108, 120–21, 122–24, 130, 134, 156, 157; puentes aéreos para, 18, 95, 147; trato diferenciado por la ONU, 17–18, 95–96, 98, 147, 158. *Ver también* Kuwait, personal diplomático en; Rehenes; Refugiados
Thatcher, Margaret, 152, 162, 168
Túnez, 63, 158
Turquía, 13, 154, 155, 158, 160, 164, 169

UNIIMOG, 110, 148
Unión Soviética, 82, 143; y coalición

contra Iraq, 13, 14, 76, 152, 153, 158, 159, 169–70; y Corea, 19, 146–47, 162; y Cuba, 86, 112–13, 144, 145

Velayati, Alí Akbar, 161
Vietnam, guerra de, 12, 13, 21, 154, 157, 170

Watson, Alexander F., 61

Yemen, 158, 159–60, 165; en el Consejo de Seguridad, 26, 30, 46, 68, 70, 76, 82, 83, 143, 157, 163

Zaire, 82, 143
Zimbabwe. *Ver* Rhodesia del Sur

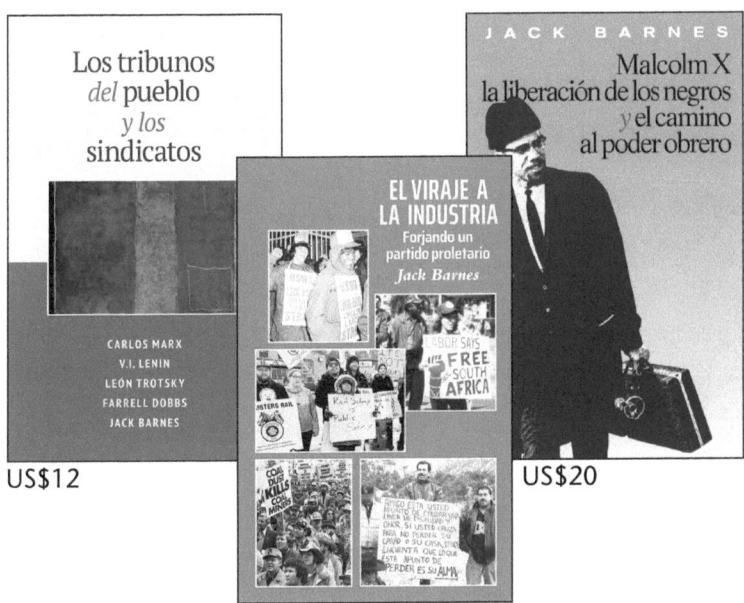

US$12 US$20

US$15

Tres libros para ser leídos como uno

… sobre la construcción del único tipo de partido digno de llamarse revolucionario en la época imperialista.

- Un partido que es proletario en su programa, composición y conducta.
- Un partido que reconoce, con palabras y acciones, el hecho más revolucionario de esta época:

  Que los trabajadores —aquellos que los patrones y las capas privilegiadas temen y desprecian como "deplorables", "delincuentes" o simplemente "basura"— tenemos el poder de crear un mundo diferente cuando nos organizamos y actuamos juntos para defender nuestros intereses, no los de la clase que se enriquece explotando nuestra mano de obra. Que al ir avanzando por ese rumbo revolucionario, vamos a transformarnos y descubrir nuestras capacidades, nuestro valor.

Tres libros sobre la construcción de dicho partido en Estados Unidos y a nivel mundial.

¡Oferta especial!
Los tres por US$30

El viraje a la industria junto con *Los tribunos del pueblo y los sindicatos*   US$20

Cualquiera de estos dos junto con *Malcolm X, la liberación de los negros y el camino al poder obrero*   US$25

WWW.PATHFINDERPRESS.COM

LA REVOLUCIÓN CUBANA Y SU IMPACTO, DE ÁFRICA A EEUU

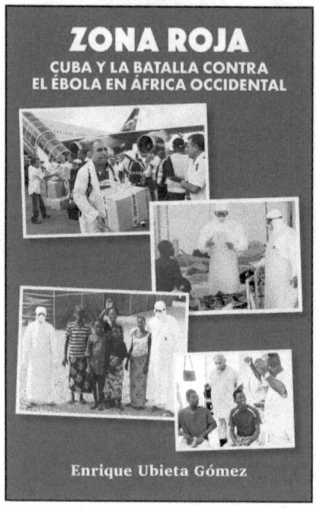

Zona Roja
Cuba y la batalla contra el ébola en África Occidental
ENRIQUE UBIETA GÓMEZ

En 2014 África Occidental sufrió la mayor epidemia del ébola hasta la fecha. En respuesta a un llamado internacional, el gobierno socialista revolucionario de Cuba brindó lo que ningún otro país intentó aportar: 250 médicos y enfermeros voluntarios. "La acción heroica del ejército de batas blancas de Cuba ocupará un lugar de honor en la historia", dijo el dirigente cubano Fidel Castro. US$17. También en inglés.

Cuba y Angola: La guerra por la libertad
HARRY VILLEGAS ("POMBO")

Cuba y Angola
Luchando por la libertad de África y la nuestra
FIDEL CASTRO, RAÚL CASTRO, NELSON MANDELA

Dos libros que narran la historia del inédito aporte que Cuba hizo a la lucha para liberar a África del flagelo del apartheid. Y de cómo, al hacerlo, la revolución socialista en Cuba se vio fortalecida. US$10 y US$12. También en inglés.

De la sierra del Escambray al Congo
En la vorágine de la Revolución Cubana
VÍCTOR DREKE

Dreke, segundo al mando de la columna internacionalista dirigida por Che Guevara en el Congo en 1965, describe el gozo creador con que el pueblo trabajador ha defendido su trayectoria revolucionaria: desde la sierra del Escambray hasta África y más allá. US$15. También en inglés.

¡Qué lejos hemos llegado los esclavos!
Sudáfrica y Cuba en el mundo de hoy
NELSON MANDELA, FIDEL CASTRO

Mandela y Castro, hablando juntos en Cuba en 1991, abordan el papel decisivo de Cuba en la historia africana y la victoria en Angola contra el ejército invasor sudafricano, y cómo impulsó la lucha que derrocó el sistema racista del apartheid. US$7. También en inglés y persa.

Cuba y la revolución norteamericana que viene
JACK BARNES

Sobre las luchas del pueblo trabajador en el corazón del imperialismo, sobre los jóvenes atraídos a ellas y el ejemplo del pueblo cubano, el cual muestra que una revolución no solo es necesaria: se puede hacer. Trata sobre la lucha de clases en Estados Unidos, donde hoy las fuerzas dominantes descartan las capacidades revolucionarias de los trabajadores y agricultores tan rotundamente como descartaron las del pueblo trabajador cubano. Y de forma igualmente errada. US$10. También en inglés, francés y persa.

Che Guevara: Economía y política en la transición al socialismo
CARLOS TABLADA

Este libro, que cita extensamente los escritos y discursos de Guevara sobre la construcción del socialismo, presenta la interrelación entre el mercado, la economía planificada, los estímulos materiales y el trabajo voluntario. Y por qué las ganancias y demás categorías capitalistas no pueden servir para medir los avances en la transición al socialismo. US$17. También en inglés y francés.

WWW.PATHFINDERPRESS.COM

IMPERIALISMO FASE SUPERIOR DEL CAPITALISMO

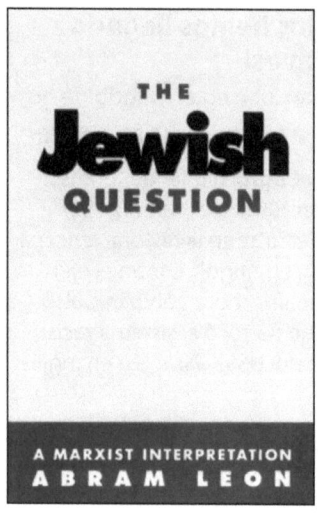

The Jewish Question
A Marxist Interpretation
(La cuestión judía: Una interpretación marxista)
ABRAM LEON

Explica que las justificaciones históricas del antisemitismo se originan en el hecho de que los judíos surgieron como "pueblo-clase" de comerciantes y prestamistas en los siglos antes del capitalismo industrial. Y plantea cómo, en épocas de crisis, las clases dominantes propietarias promueven el odio antijudío para incitar a fuerzas reaccionarias y desorientar al pueblo trabajador sobre la verdadera causa de su empobrecimiento. En inglés y griego. US$15

To Speak the Truth
Why Washington's 'Cold War' Against Cuba Doesn't End
(Hay que decir la verdad: Por qué no cesa la 'Guerra Fría' de Washington contra Cuba)
FIDEL CASTRO, ERNESTO CHE GUEVARA

El sistema imperialista, dijo Fidel Castro a la Asamblea General de la ONU en 1960, beneficia a "quienes están interesados en mantener el despojo…quienes están interesados en mantener la explotación". En discursos históricos, ante organismos de la ONU, Castro y Guevara se dirigen a los trabajadores del mundo y explican por qué Washington detesta tanto el ejemplo de la revolución socialista cubana y por qué va a fracasar en sus intentos de destruirla. En inglés. US$15

Europe and America
(Europa y América: Dos discursos sobre el imperialismo)
LEÓN TROTSKY
En inglés. US$10

El desorden mundial del capitalismo

Política obrera al milenio

JACK BARNES

La devastación social y las crisis financieras, el carácter más tosco de la política, la brutalidad policiaca y los actos de agresión imperialista que crecen a nuestro alrededor: todos son productos, no de un mal funcionamiento del capitalismo, sino de su funcionamiento normal y reglamentado. Sin embargo, el futuro puede ser cambiado a través de la lucha unida de trabajadores y agricultores conscientes de su capacidad de transformar el mundo. US$20. También en inglés y francés.

Habla Malcolm X

"Los imperialistas astutos saben que la única manera de hacerte correr voluntariamente hacia la zorra es mostrándote un lobo". En discursos y entrevistas, Malcolm X presenta una alternativa revolucionaria a esta trampa reformista, abordando las alianzas políticas, los derechos de la mujer, la intervención de Washington en el Congo y Vietnam, capitalismo y socialismo, y más. US$15. También en inglés.

El imperialismo, fase superior del capitalismo

V.I. LENIN

"Espero que mi folleto ayude al lector a orientarse en el problema económico fundamental: la esencia económica del imperialismo", escribió Lenin en 1917. Sin estudiar eso "es imposible comprender y emitir un juicio sobre la guerra y la política moderna". US$10. También en inglés, persa y griego.

WWW.PATHFINDERPRESS.COM

Nueva Internacional
UNA REVISTA DE POLÍTICA Y TEORÍA

NUEVA INTERNACIONAL N°. 6
Ha comenzado el invierno largo y caliente del capitalismo
JACK BARNES

Explica que la crisis capitalista global de hoy es la etapa inicial de décadas de convulsiones económicas, financieras y sociales y de batallas de clases. Los trabajadores con conciencia de clase necesitamos trazar un curso revolucionario para afrontar esta coyuntura histórica del imperialismo. US$14. También en inglés, francés, persa, árabe y griego.

NUEVA INTERNACIONAL N°. 1
Los cañonazos iniciales de la Tercera Guerra Mundial
JACK BARNES

La guerra asesina de Washington contra Iraq en 1991 anunció conflictos entre las potencias imperialistas, una creciente crisis capitalista y más guerras. El pueblo trabajador en la región —desde los kurdos hasta Palestina e Israel, Irán, Iraq y Siria— luchan por espacio político para defender sus derechos nacionales y sus intereses de clase. US$14. También en inglés, francés y persa.

NUEVA INTERNACIONAL N°. 4
La marcha del imperialismo hacia el fascismo y la guerra
JACK BARNES

"Habrá nuevos Hitlers, nuevos Mussolinis. Eso es inevitable. Lo que no es inevitable es que triunfen. La vanguardia obrera organizará a nuestra clase para combatir el terrible precio que nos hacen pagar los patrones por la crisis capitalista. El futuro de la humanidad se decidirá en la contienda entre estas dos fuerzas enemigas de clase". US$14. También en inglés, francés, persa y griego.

LA EMANCIPACIÓN DE LA MUJER Y LA REVOLUCIÓN SOCIALISTA

Los cosméticos, las modas y la explotación de la mujer
Joseph Hansen, Evelyn Reed, Mary-Alice Waters

Explica cómo los capitalistas aprovechan la condición de segunda clase de la mujer en la sociedad de clases para promover cosméticos y sacar ganancias. Y cómo la integración de millones de mujeres a la fuerza laboral abre paso hacia la emancipación. US$12. También en inglés y persa.

Las mujeres en Cuba: Haciendo una revolución dentro de la revolución
Vilma Espín, Asela de los Santos, Yolanda Ferrer

La integración de las mujeres a las filas y a la dirección de la Revolución Cubana fue parte inseparable de la trayectoria proletaria de esta desde el principio. Esta es la historia de esa revolución y cómo transformó a las mujeres y los hombres que la hicieron. US$17. También en inglés y griego.

WWW.PATHFINDERPRESS.COM

DE PATHFINDER

¿Son ricos porque son inteligentes?
Clase, privilegio y aprendizaje en el capitalismo

JACK BARNES

Explica las crecientes desigualdades de clase en EEUU y las justificaciones de las capas "profesionales" bien remuneradas que afirman que su "brillantez" los califica para "regular" a los trabajadores, quienes supuestamente no saben lo que les conviene. US$10. También en inglés, francés y persa.

En defensa de la clase trabajadora norteamericana
MARY-ALICE WATERS

Basándose en las mejores tradiciones combativas de trabajadores de todos los colores de piel y orígenes nacionales, decenas de miles de trabajadores en Virginia del Oeste, Oklahoma, Florida y otros estados libraron huelgas victoriosas en 2018 y lograron restaurar el derecho a votar para ex presos. Los que Hillary Clinton tacha de "deplorables" han empezado a resistir. US$7. También en inglés, francés y persa.

El historial antiobrero de los Clinton
Por qué Washington le teme al pueblo trabajador

JACK BARNES

Describe la trayectoria, impulsada por el afán de lucro, de los demócratas y los republicanos en los últimos 30 años. Y el despertar político de los trabajadores que buscan entender y resistir los ataques de la clase gobernante capitalista. US$10. También en inglés, francés, persa y griego.

Las luchas de los Teamsters
FARRELL DOBBS

Desde las huelgas y campañas de sindicalización en el Medio Oeste en los años 30 que forjaron un combativo movimiento sindical industrial hasta la campaña de trabajadores conscientes contra los objetivos bélicos, impulsados por las ganancias, de los gobernantes norteamericanos. Cuatro libros que "valen la pena leer, releer y repasar", según dice Jack Barnes. Entre más experiencia adquieran los trabajadores en la industria y los sindicatos, "más aprenderemos de esos libros cada vez que volvamos a leerlos". US$16 cada uno. También en inglés. *Rebelión Teamster* también en francés, persa y griego.

¿Es posible una revolución socialista en Estados Unidos?
Un debate necesario entre el pueblo trabajador
MARY-ALICE WATERS

Al luchar por una sociedad que solo el pueblo trabajador puede crear, lo que descubriremos son nuestras propias capacidades. Respondemos con un rotundo "Sí" a la pregunta que se plantea aquí. Posible pero no inevitable. Eso depende de nosotros. US$7. También en inglés, francés y persa.

"Son los pobres quienes enfrentan el salvajismo del sistema de 'justicia' en EE.UU."

Los Cinco Cubanos hablan sobre su vida en la clase trabajadora norteamericana. Cinco revolucionarios cubanos explican los estragos humanos causados por la "justicia" capitalista. Y cómo Cuba socialista es diferente. US$10. También en inglés, persa y griego.

WWW.PATHFINDERPRESS.COM

MÁS LECTURA

El Manifiesto Comunista
CARLOS MARX Y FEDERICO ENGELS

El comunismo, explican los dirigentes fundadores del movimiento obrero revolucionario, no es una doctrina preconcebida sino la línea de marcha de la clase trabajadora hacia el poder, que surge "de una lucha de clases existente, de un movimiento histórico que se desarrolla ante nuestros ojos". US$5. También en inglés, francés, persa y árabe.

Puerto Rico: La independencia es una necesidad
RAFAEL CANCEL MIRANDA

Este dirigente independentista puertorriqueño, uno de los cinco encarcelados por Washington por más de 25 años, hasta 1979, habla sobre la realidad brutal del coloniaje norteamericano, el ejemplo de la revolución socialista cubana y la lucha actual por la independencia. US$5. También en inglés y persa.

Somos herederos de las revoluciones del mundo
Discursos de la revolución de Burkina Faso, 1983–87
THOMAS SANKARA

Los campesinos y trabajadores en este país de África Occidental crearon un gobierno popular revolucionario y comenzaron a combatir el hambre, el analfabetismo y el atraso económico impuestos por la dominación imperialista, así como la opresión de la mujer heredada de la sociedad de clases desde hace milenios. Cinco discursos del dirigente de esta revolución. US$10. También en inglés, francés y persa.